北京石油附小
聚能于石·油然而生

小学语文实践活动设计与实施

肖 英 郭红霞 侯杰颖 主编

知识产权出版社
全国百佳图书出版单位
—北 京—

图书在版编目（CIP）数据

小学语文实践活动设计与实施／肖英，郭红霞，侯杰颖主编. —北京：知识产权出版社，2021. 10

ISBN 978-7-5130-7726-2

Ⅰ.①小… Ⅱ.①肖… ②郭… ③侯… Ⅲ.①小学语文课—教学研究 Ⅳ.①G623.202

中国版本图书馆 CIP 数据核字（2021）第 186222 号

内容提要

本书系小学语文教育实践活动案例类图书，主要包括三部分内容：第一，如何设计小学语文实践活动，主要从整合资源，确定主题，明确目标，关注实践，优化设计，立足发展，持续评价等方面入手；第二，介绍语文实践活动案例具体实施方案以及活动分析；第三，教师关于开展实践活动的思考及心得。语文综合实践活动是学科教学的延伸和拓展，有助于增强学生的探究与创新意识；有利于加强学生对自然的了解、对社会的了解与参与，密切学生与社会生活的联系，建立新的学习方式；同时还能够促进学生多方面的情感、态度和价值观的发展，培养了学生的动手能力、利用信息的能力。

本书对小学语文教师进行教学实践活动具有重要参考价值。

责任编辑：李婧　　　　　　　　　责任印制：孙婷婷

小学语文实践活动设计与实施
XIAOXUE YUWEN SHIJIAN HUODONG SHEJI YU SHISHI

肖　英　郭红霞　侯杰颖　主编

出版发行：知识产权出版社 有限责任公司	网　　址：http://www.ipph.cn		
电　　话：010-82004826	http://www.laichushu.com		
社　　址：北京市海淀区气象路 50 号院	邮　　编：100081		
责编电话：010-82000860 转 8594	责编邮箱：laichushu@cnipr.com		
发行电话：010-82000860 转 8101	发行传真：010-82000893		
印　　刷：北京虎彩文化传播有限公司	经　　销：各大网上书店、新华书店及相关专业书店		
开　　本：710mm×1000mm　1/16	印　　张：16.5		
版　　次：2021 年 10 月第 1 版	印　　次：2021 年 10 月第 1 次印刷		
字　　数：250 千字	定　　价：75.00 元		

ISBN 978-7-5130-7726-2

本书编辑委员会

主　编：肖　英　　郭红霞　　侯杰颖

编委成员（按姓氏拼音排序）：

樊微微　　李琢文　　刘　琳　　刘　莹

卢慧娟　　朴英兰　　沈宏玲　　向　昆

许亚南　　尹晨妍　　赵鑫馨　　周　艳

目 录

第一部　实践活动设计

第二部分　实践活动案例

第三部分　实践活动反思

第一部分
实践活动设计

基于语文素养提升　开展学科实践活动

侯杰颖　向　昆　周　艳　许亚南

语文是一门实践性课程，学习资源和实践机会无处不在、无时不有。教师应让学生通过大量生动的语文实践活动掌握运用语文的规律，开展丰富多彩的语文实践活动，让学生在不断学语文、用语文中提高语文素养。

一、整合资源，规划主题

在语文实践活动中，主题是核心，是灵魂。没有主题，活动就会失去方向，活动的内容就会零散。主题描述是否准确，直接影响实践活动能否真实地发生、切实地开展和有效地实施。

（一）主题背景

在确定活动主题时，首先考虑的就是《义务教育语文课程标准》（以下简称《语文课程标准》），这是一切教学行为的依据。在一定程度上说，语文实践活动是对教材的"二次处理"，是对"课堂"的超越。只有严格依据《语文课程标准》，才能够确保我们设计的活动到位而不越位。研究《语文课程标准》对每个年段学生的不同要求，据此确定活动主题。高于或低于学段要求而确定的主题都是不合适的。

（二）主题来源

（1）紧扣教材，探寻编者的意图，从中比较、筛选确定主题。这样确定的主题可以帮助学生对单元学习内容进行深入的理解与消化，与教材中的内容相辅相成。

（2）依据学校环境、社区资源生成实践活动主题。教师要充分利用社区资源优势，选择最近的、最新的、适合学生经历的鲜活题材，确定活动主题，

3

调动学生参与的热情，改变传统教学与生活分离的状态。

（三）筛选原则

（1）学生的真实需求。语文实践活动的最终目的是提升学生的语文素养，所以一定要根据学生的真实需求生成主题。学生的真实需求从何而来？学生访谈可靠吗？可以说，通过访谈获得的是学生的主观愿望，但不是学生的真实需求。学生的"实际水平"与"《语文课程标准》要求达到的水平"之间的差距，才是学生的真实需求。

（2）教师的发展需求。通过活动获得发展的不仅是学生，还有教师。这是一个教学相长的过程。教师不仅是课程的使用者，更是课程的开发者。在这一大背景下，确定主题的活动也应该是一个磨砺教师队伍的过程。选择主题时，首先要考虑教师的专业知识、专业技能和专业发展是否可以支持教师完成这一项目。在此基础上，如果做起来有一定难度，需要教师踮踮脚才能完成的主题，会是更好的主题。有一定难度的主题可以激发教师研究的热情，使教师在一次次突破中实现自我提升。

二、基于学科，生成目标

（一）基于语文学科的本质

语文实践活动，要具有语文学科的特点。活动目标的设定要考虑是否基于语文学科的本质。在活动目标的设定中，以语文学习目标为依据，为"指导学生正确地理解和运用语言，丰富语言的积累，培养语感，强化大语文思维"服务，关注学生语文素养的整体提升与发展。

（二）立足言语经验建构

活动目标的设定要关注学生的已有言语经验，通过学习活动，使学生的已有经验得到发展、知识结构得到完善、听说读写能力得到提升。活动目标设计不是单纯地向学生传递知识，而是在活动中不断地对学生的言语经验进行重构，从而使学生有所感悟，提升自己的言语品质。随着活动的不断深入开展，学生能力不断提升，活动目标也要根据学生的实际情况进行调整，因此活动目标具有生成性的特点。

（三）关注目标体系生成

截至 2020 年底，北京石油学院附属小学（以下简称石油附小）1～6 年级共研发实施 12 个语文实践活动（见表 1），在每一个实践活动之下都设有一系列子活动，子活动之间具有连贯性和进阶性，最终实现主题活动的总目标。同时，这 12 个语文实践活动又构成了学校语文学科实践活动目标体系。在关注整套活动目标体系生成的前提下，我们分阶段、分层次、有侧重、有计划地设定阶段目标，使学生的语文素养逐步养成。

表 1　1～6 年级语文实践活动

年级	实践活动主题
一年级	我爱我家之给流浪动物安家 车子中的奇妙世界
二年级	小小读书郎 快乐你我他
三年级	擦燃一根火柴　点亮童话之旅——安徒生童话阅读 走进自然
四年级	"丝绸之路"之学生讲坛 水的"呼唤"
五年级	漫游书海，品读"西游" "私人订制"手绘导游路线图
六年级	学写题画诗，感悟生活的雅趣 制作成长纪念册

在语文实践活动总目标的框架下，分外显体系型目标和内隐积淀型目标。外显体系型目标，即 12 个实践活动的目标，学生在活动目标的达成中形成了完整的语文知识体系。内隐积淀型目标，即通过外显体系型目标实现学生在实践活动中的能力、习惯、思维方式的发展，最终提升学生的核心素养。

三、关注实践，优化设计

（一）整合多方活动资源

语文课程应该是开放而富有创新力的，尽可能满足不同地区、不同学校、不同学生的需求，教师具有创造性和超越性地使用教材的权利。在认识上，教师应打破教材作为唯一学习内容的束缚，树立"大语文教学观"的思想，教学上创造性应用教材，积极开发语文学习资源，将学生的学习活动延伸到更为宽广的领域。

（二）开启成果思维模式

成果思维，即先预设结果的一种思维模式。在活动目标确定以后，我们会不停地问自己：活动开展后，学生能够真正获得什么，教师又会有哪些积累与提升。这些问题的思考便是活动成果的预设。有了期待的成果后，再从目标出发进而思考：要想得到这样的成果，需要怎么做，用什么方法才能达成。这样，在目标与成果之间就会出现一个个学生乐于参与、勇于尝试的实践活动。

（三）源于生活情境设计

语文来源于生活，在生活中学语文是"大语文教学观"的需要。在进行语文实践活动设计的时候，要深刻认识到这一点：活动的设计源于生活实践，为了解决生活中的实际问题。石油附小四年级开展了"私人订制"手绘导游路线图的实践活动，与学生平时的参观游览紧密相连。学生将活动中习得的方法运用于春季社会实践活动、做好假期旅游攻略。学生在校的学习不是终点，在生活中能够运用语文能力解决实际问题，才是学习的终极目标。

四、立足发展，多元评价

评价是实践活动中不可缺少的部分。评价的根本目的是促进学生学习，改善教师教学质量。在语文实践活动中，既有学习过程中的形成性评价，也有关注学习结果的终结性评价。层层评价，形成闭环，评价结果反作用于活动的实施，指导新一轮活动的开展。

（一）评价主体多元

（1）学生自评。学生是学习的主体，因此在评价活动中应处于主体地位。在活动中，教师指导学生积极主动地进行自我评价，可以帮助他们更好地反思自己的学习情况，逐步形成自学能力、参与能力和自我评价能力，从而不断地进行自我教育。

（2）同学互评。为学生的持续改进提供具体的内容和参照。学生通过同学之间互相评价，以标准对照自己的行为和评价他人的行为，从而理解自己的学习过程，改变自己的行为。这样的评价就发挥了诊断和发展的功能，促进了学生的自我发展。

（3）教师评价。在评价主体中，教师的评价要发挥其引导作用。学生的自评和互评必须与教师的评价结合起来。当学生制定和应用评价标准时，教师的作用是提供指导和支持，展示学习的方法和评价的方法，辅助学生自评。对于中低学段的教师，要提供必要的示范和引导，高学段的学生更重要的是学会评价后的反思和改进。

（4）家长、社区参评。通过家校互动、相互沟通达到语文课程的共享、共进。

（二）评价依据目标

实践活动评价以活动目标为依据，运用观察、反思、调查等方法，收集学习过程、学习结果等方面的客观材料，进而对学生的学习效果做出判定。在制定学习目标时，依据布鲁姆教育目标分类理论，结合各年段对学生语文素养的要求，基于学习者学习方式和程度的差异性，设计的活动目标也不一样。不同年级的不同活动评价具有进阶性，最终目标是促进学生语文素养的形成。

（三）评价成果完善

实践活动评价更强调自主性、过程性、反馈性。因此在实践活动中学生可以多次修改自己的成果或者作品，直到自己满意为止。教师们根据学生最终的作品予以评价。这就改变了以往单次、阶段性的评价，给学生超越自我、挑战自我的机会，让他们不断地接近自己满意的结果，做最好的自己。

（四）评价标准内化

实践活动的评价一改以往先做事再公布评价标准的做法，采取"标准先行"模式。在学习之初，学生先明确评价的标准，在活动过程中主动向"标准"靠近并始终牢记，以便随时对照标准进行自我评价。评价成为带动学生完成学习任务的"火车头"，而非判定任务完成情况的"火车尾"，逐渐将评价标准内化为学生的认识与理解。

我们追求的实践活动评价：从"甄别选拔"转变为"促进发展"；从注重结论变为注重过程；评价主体由"单一化、单向性"转为"多元化、互动性"；评价标准弱化"班级成员参照"，强化"自我参照"；评价方式由单一的"量化评定"转为多样化的"综合评定"。

五、自我监控，持续推进

在潜心于实践活动的研发和开展中，我们也不忘"抬头看路"，更不忘"紧握标尺"，在实践中梳理总结出设计实践活动的四条线索。

（一）外显活动线——制定一套智力动作

在学习的过程中，依据学习主题和学生已有的知识、经验，整体设计、实施学习活动，引导并帮助学生经历、体验知识的形成过程，即实践—体验—建构—验证—完善，使学习符合一般规律和学生认知发展的规律，使学习知识真正成为学生自觉自愿的活动，从而体验真正的学习乐趣。

（二）习得知识线——构建学科知识体系

单元学习主题是学科领域中起核心作用的内容，包含关键性的概念、原理、方法、观点等，帮助学生建构学科知识体系，形成结构性、系统性的学科知识网络。

（三）内隐能力线——指向高阶思维能力

深度学习目标注重理解、评价、迁移、问题解决与创新能力的培养，并给学生思考与讨论的空间，给学生的思考视角、思维方式、行为方式带来改变，最终使他们成为具有独立性、批判性、创造性、合作精神、扎实基础的优秀学习者。

（四）蕴含情感线——呼唤学习持久力

通过具体项目的学习，学生全身心（思维、情感、态度、感知觉）地投入具有挑战性的学习活动，"探索""发现""经历"是知识的获得过程，在这个过程中与他人（教师、同学）展开积极的合作与沟通，体会挑战成功的成就感，感受学科的价值、学习活动的意义及个人在学习活动中的成长，获得丰富的情感。

上述四条标准也是评价活动的依据，评价主体是参与项目的所有教师。

在阶段梳理、交流的过程中，教师不断思考、反省，及时调整实施方案和策略，实现自评与他评相结合。在设计实践活动时，教师做了充分的预设，但是随着项目实施的逐渐深入，总会发现一些问题，通过阶段评价根据实施的具体情况进行调整，更好地达到学习目标。

六、总结与展望

在语文实践活动中，依据主题确定目标，根据目标进行活动设计，活动进行中和完成后进行评价，持续评价又与活动目标相联系。活动主题、活动目标、活动设计、活动评价，四位一体，相互联系，环环相扣，密不可分。这种综合性的学习对授教教师提出了更高的要求。

（一）教师专业素养亟待提升

实践活动聚焦单元整体设计，涉及多学科的融合，要求教师必须具有深厚的文化底蕴、专业的学科知识，否则将无法驾驭。

（二）教师理念的更新

传统意义的教师角色越来越受到挑战。教师要不断更新教学理念，对教学本质意义的认识要不断有新的发展，不断调整教学行为，不断创新教学手段和策略。

（三）转变教与学的方式

要让学生真正成为学习的主人，教师必须从备课入手，由考虑我如何教到如何指导学生学，由关注教法到设计学法。

（四）拥有开阔的视野

从具体知识的获得到核心观念的建构，再到学科核心素养的形成，教师应树立大语文观，使课堂同社会生活联系起来，为学生的终身发展奠定基础。

第二部分
实践活动案例

我爱我家之给流浪动物安家

活动负责人：李海云
活动研发成员：卢慧娟、刘春燕、李媛媛、白雪
活动设计执笔人：卢慧娟、李海云

一、活动名片

适合年级：一年级。

资源载体：在"给流浪动物安家"的实践活动中，学生将完成"设计、制作、分析、改造"一系列动作，提高他们的观察能力、解决问题的能力。学生在参与中将学会观察，学会针对具体问题想出合理的解决办法，同时也将学会换位思考、为他人着想。

成果要求：教师完成深度学习研究报告。学生以PPT、摄影集、绘本等多种形式进行学习汇报。

二、活动背景

（一）主题简介

1. 确定主题的依据

（1）基于学情。学生对自己每天生活的地方太过熟悉，正因为太适应，所以从没想过要为它付出什么、贡献什么。我们的每一次活动都从实际出发，激发学生对"家"的热爱，调动他们参与的兴趣，使学生学会付出，将自己对"小家""大家"的爱落实在行动上。

（2）基于教学改进。顺应改革趋势，进行学科整合。与美术课整合，美术教师参与其中，协助语文教师完成实践活动，让语文课动起来。同时，突破美术课的局限，使学生在实践的过程中创新思维、升华感情、习得语言，获得对生活的感悟。

2. 主题学习内容

创设"流浪动物安家"项目，深入实际生活，调动学生参与的兴趣。在本项目中，学生需要完成一整套智力动作，即"设计、制作、分析、改造"，从而提高学生观察能力、分析能力、合作能力和解决问题的能力。

3. 主题、内容、素养之间的关系

（1）外显活动线。完整地体现了一次模拟的科研实践活动，从设计到实操，从发现问题到解决问题，最终总结汇报。

（2）习得知识线。口语交际贯串整个活动始终，从一开始的交流设计思路，再到交流制作过程，然后讨论出现的问题及解决办法，最后汇报活动成果。

（3）内隐能力线。学生在活动中从分析、合作到解决问题。查找资料了解、分析目标动物，合作搭建动物的家，通过观察提出问题，最终解决问题。

（4）蕴含情感线。从兴奋到困惑，再到喜悦，学生的情感是一波三折的。这一点区别于传统学习。我们不回避学生可能犯的错误，而是允许他们出现问题，使他们切实经历从刚接到任务时的兴奋到实践过程中遇到困难的焦急、困惑，再到困难得到解决、任务达成后发自内心的喜悦。就"我爱我家"这一主题，学生也体会到了爱不是一时的关注，而是持续的付出；不是为了自己心里愉快，而是为他人着想。

（二）学习内容分析

1. 对于此学段，该主题教学内容的地位、作用

在传统的教学中，教师往往以课本为主，按照教材的编排顺序安排教学工作，缺少计划性及学生真实困惑的针对性。赫尔巴特讲过，"教学永远具有教育性"。我们旨在聚焦主题，通过该项目学习以一套完整的智力动作帮助学生在实践体验中提升思维、获得成长。

2. 该主题教学内容在提升学科核心素养方面的作用

整个活动中，口语交际贯穿始终。从开始交流设计思路，再到交流制作过程，然后讨论出现的问题及解决办法，最后汇报活动成果，一年级学生已能做到脱稿演讲。

（三）学习者分析

一年级新生步入校园后，在成长的过程中有以下几个共性的问题需要解决。从生活方面看，他们做事习惯从自己的角度出发，理解问题相对片面、局限，动手能力弱。从语文教学角度看，他们观察能力不足，语言表达能力差，羞于在众人面前演讲。

我们期待借项目学习帮助学生解决以上问题，使他们在实践中提高观察能力、分析能力、合作能力和解决问题的能力，从思考到实践，在实践中发现问题，在调整和解决之中形成方法和经验，最后进行总结和推广。这也是进行科研的步骤。我们也希望从小培养学生的科研意识。

三、活动目标

（一）主题学习目标

（1）加深学生对"家"的理解。

（2）围绕主题"给流浪动物安家"，学生完成"设计、制作、分析、改造"的一系列动作，提高学生的观察能力、解决问题的能力。

（3）学会口头日记，提高口语表达能力。

（二）课时学习目标

第一阶段：前期调研，做好准备。

（1）知识目标：查找资料，了解"动物之家"的设计、材料和功能。

（2）能力目标：制作设计图，通过宣讲设计图梳理自己的设计方案。

（3）情感目标：通过前期调研、实地考察，加深学生对流浪动物的怜爱之情，激发他们制作"动物之家"的热情。

第二阶段：动手制作，实践感受。

（1）知识目标：制订合理的设计方案，根据流浪动物的需求制作"动物之家"。

（2）能力目标：通过小组合作完成"动物之家"的制作，培养学生的动手操作能力及合作能力。

（3）情感目标：将理念化为实践，激发学生照顾流浪动物的热情。

第三阶段：细心观察，发现问题。

（1）知识目标：学习填写观察记录表，学会观察事物的方法。

（2）能力目标：培养学生的观察能力和分析能力。

（3）情感目标：通过长时间的观察培养学生对小动物的感情。

第四阶段：头脑风暴，交流学习。

（1）知识目标：运用头脑风暴的方式使学生开动脑筋，尝试运用多种方法解决生活中的实际问题。

（2）能力目标：提高学生的口语表达能力及分析、解决问题的能力。

（3）情感目标：善于调动、整合多种知识，设想多种可能性，以正确、科学的态度解决生活中的实际问题。

第五阶段：汇报交流，展示成果。

（1）知识目标：学会制作摄影集、手抄报及 PPT。

（2）能力目标：提高学生的口语表达能力。

（3）情感目标：从"我"视角转向"他"视角，培养学生换位思考的思维习惯。

四、实施过程

（一）第一阶段：前期调研，做好准备

基于之前的学习，学生对"家"的概念有了感性的认知，能够将这份"爱"迁移到生活的其他方面，通过第三个活动"我爱我家之走进社区"的体验，将自己的关爱聚焦于流浪动物。

教师由此顺势引导，围绕一个主问题展开资料查找的学习：要给哪个小动物做一个"家"，做一个什么样的"家"，用什么材料。学生要想解决这一实践难题，要查找资料，有所思考，做出选择。

在课上交流设计想法时，我们发现一部分学生的想法切实可行，但也有

一部分学生的想法天马行空，根本无法实施。针对这一问题，我们联合美术教师，先引导学生进一步了解动物的体貌特征及习性，再组织他们画设计图，并让他们选择材料，最后给大家宣讲设计图。一步步行动让学生的想法有了落点，实操性更强了。对于材料的选择，学生有多种思考：选择用纸糊的缘由是幼儿园时做手工的经验；用硬纸壳是因为家里有现成的材料；也有用塑料泡沫、木头的，不一而足。教师不急于对学生的选择做干预性的判断，而应鼓励学生实践自己的设计，并在实践中进行检验。

（二）第二阶段：动手制作，实践感受

对于这项任务，学生热情高涨。教师还没布置动手制作的任务时，班里有学生已经制作成型，并把照片发到老师的邮箱里。作品虽然反映出严谨的思维、细致全面的考虑，但不是学生的思维，都是家长的想法。如果家长成了活动的主体，那么整个活动还有什么意义。为了避免再有家长包办代替，影响学生的学习效果，教师马上和家长进行沟通，强调这项作业的目的不在于最终的成品，而是参与的整个过程。家长是材料的提供者及平等的参与者，而不是代替者。这样的想法得到了家长们的理解和支持。

经过一周的时间，学生们根据自己的情况与特长单打独斗、两两组合或小组合作，最终都完成了搭窝任务。在班级里，我们再次组织了交流活动，交流学生的制作过程，训练学生的口语表达能力。

通过学生的展示与交流，我们发现普遍存在的一个问题：无论是什么材料，小窝的外观都十分美观，但实用性差。仅有 2.4% 的同学关注到防风、防雨、保暖等功能。在他们的眼中，这就是他们的一个手工作品。交流后，有学生表示要回家再做装饰，也要那么漂亮；还有的要给小窝里加个小球，让小动物玩儿得开心。可见，绝大部分学生是从自身的角度出发，还不能考虑到小动物的真正需要。

（三）第三阶段：细心观察，发现问题

第三阶段教师引导学生了解：小窝做得漂不漂亮不重要，适合小动物居住才是重要的。小窝做得是否合格，只有放到社区让小动物去检验，有小动物入住的小窝才是合适的。随后，学生把小窝放进社区。我们布置了观察任务，要求学生每天进行观察，如果没有动物入住，就找到原因并尝试做出改进。学生在实践中发现之前没有考虑到的问题，针对具体问题找到合理的解决办法。

1. 观察表的运用

由于考虑到一年级学生的观察能力不足，不知道从哪些方面进行具体观察的实际情况，所以我们设计入住情况观察表（见表1），指导学生观察。

表1 入住情况观察

时间	入住"√"	问题	改进措施

2. 分享改进措施

通过一周的观察，学生之间交流观察和改进的结果。学生的积极性高，每天都有学生讲述改进措施，同时表达自己的困惑："怎么我改进了小窝还是没有小动物住进去呢？"于是，每天利用课前的5分钟，留给学生交流前一天他们所做的改进，并让大家相互出主意，慢慢地就有小动物入住了。

（四）第四阶段：头脑风暴，交流学习

到了周五，班里35.6%的小窝已经有了小动物，而一些小窝没有小动物入住的学生开始着急了。为了帮助他们，我们先请已经有动物入住小窝的学生介绍成功的经验，然后组织了"头脑风暴大讨论"：为什么小动物住进了他的"家"，而没有住进我的"家"，从而查找自己的小窝还可能存在的问题。通过大家的交流和相互启迪，学生们认为以下几个方面必须做出改进：

（1）加负重。

（2）加防水材料。

（3）加小被子或衣服给小动物保暖。

（4）加指示牌。

（5）加食物。

（6）改变小窝的位置。

随后，我们又引导学生作比较："改变前和改变后的小窝哪个更漂亮、更吸引人？"答案是显而易见的，改变后的小窝早已没有了改变前的光彩。我们顺势引导学生思考：为什么小动物不选择最初那个漂漂亮亮的小窝安家，而选择后者呢？我们围绕这一问题再次头脑风暴，通过交流学生意识到之前自己做窝时单纯地从"我"的角度出发，只想给它们做这样一个窝。而在逐步观察中，学生发现了他们只考虑了自己，却忽略了小动物的需要。原来，小动物不需要自己的小窝多漂亮，温暖舒适、满足需要才是最重要的。于是，他们开始为小动物的需要而改变，最终迎来了入住的小动物。从"我要给小动物做这样的窝"时只考虑自己，到"小动物到底需要一个什么样的窝"时的换位思考，学生在整个活动中实现了从"我们"到"他们"的思考方式的转变。

除此之外，学生在观察和照顾流浪小动物的过程中，认识到大自然也是人类的家，应该用实际行动保护大自然中的小动物和花草树木。

（五）第五阶段：汇报交流，展示成果

为了系统性地固化学习成果，将贯穿于活动始终的一次次口语交际训练串成一条线，促进学生表达能力的提高，我们最终决定以口头汇报的形式展示成果。

汇报时，学生可以以 PPT、摄影集、观察记录表、绘本等多种形式展示自己的学习过程，交流自己的收获与成长。

五、评价设计

（一）评价目标

（1）持续观察并学会独立解决问题，完善自己做的"动物之家"。

（2）独立进行汇报展示，形式多样，内容丰富，能将自己的收获阐述清楚。

（二）评价方案及评价指标

评价方案及评价指标见表 2。

表2 评价方案及评价指标

	非常满意	满意	一般	不满意	备注
设计方案					1. 非常满意 ☆☆☆
"动物之家"制作成果					
观察表					2. 满意 ☆☆
"动物之家"改进方案					3. 一般 ☆
是否有小动物入住					我获得了（ ）颗星

车子中奇妙的知识世界

活动负责人：卢慧娟
活动研发成员：刘春燕、李媛媛、白雪、尹晨妍、李海云
活动设计执笔人：尹晨妍、李海云

一、活动名片

适合年级：一年级。

资源载体：围绕"车子中奇妙的知识世界"开展活动，先从"看一次车展""做一次比赛"项目入手，调动学生参与的兴趣并在比赛中识字；再开展"讲自家爱车"的 PPT 演讲活动，锻炼学生的识字和语言表达能力；最后开展"公交体验活动"，在锻炼学生的识字、表达能力同时，又丰富了他们的社会体验。

成果要求：教师与学生共同完成深度学习成果。教师完成深度学习研究报告。活动第一阶段，学生上交车展照片及制作的视频，并制作车牌卡片。活动第二阶段，学生利用 PPT 演讲，通过自己的画作介绍不同的车。活动第三阶段，学生制作识字小报，并分享交流乘坐公交车的视频。

二、活动背景

（1）基于学情。本校学生从小就生活在现代化的大都市，对车并不陌生。全班 40 名学生中，至少五分之四的家庭拥有私家车。大多数学生在幼儿时期就通过"看图识字"认识了一些与汽车相关的汉字。同时，有相当一部分学生对汽车非常感兴趣，经常翻阅与汽车有关的书籍，可以分辨不同种类、品

牌、用途的汽车，积累了许多关于汽车的知识。我们希望借助这一活动拓宽学生视野，并在参加车展的过程中完成一次社会体验，从而提升学生的动手能力、合作能力、表达能力、解决问题的能力等。

（2）基于教学改进。顺应改革趋势，进行多学科整合，突破课内教学的局限，使学生在实践的过程中创新思维，获得对生活的全新体验，落实语文学习的"窗外人家"。

三、活动目标

（一）主题学习目标

（1）拓宽学生视野，增加学生的社会体验。

（2）围绕主题"车子中奇妙的知识世界"的项目学习，使学生参与并完成"走进车展，细致观察—走进生活，乐于表达—走进社会，探索发现"一系列动作。

（3）在项目学习中，学生获得在生活中识字的能力，初步掌握介绍物品的方法，锻炼学生的表达能力与探索发现的能力。

（二）课时学习目标

第一阶段：看时尚车展，拓宽视野。

（1）知识目标：制作车牌卡片，按国籍分类，掌握与车相关的字。

（2）能力目标：在车展中搜集各国车标车牌，学会在生活中识字。

（3）情感目标：通过参观车展，让学生走出校园、拓宽眼界，丰富社会体验。

第二阶段：讲自家爱车，学会表达。

（1）知识目标：在汇报交流中增加识字量。

（2）能力目标：在汇报交流过程中提高学生的口语表达能力。

（3）情感目标：激发学生对汽车的热情，引导其深入探索车子中的小世界。

第三阶段：倡导绿色出行，体验学习。

（1）知识目标：培养学生在乘车过程中观察周围事物，认识与公交车相关的一类字。

（2）能力目标：培养学生在生活中识字的能力及设计识字小报的能力。

（3）情感目标：大力倡导绿色出行，帮助学生增强绿色环保意识。

四、实施过程

（一）第一阶段：看时尚车展，拓宽视野

1. 第一步：走进车展

参观车展作为起始活动的目的：①拓宽学生视野；②提高学生参与的积极性。

在活动结束后，教师利用在校时间组织学生交流参观车展后的感受，培养学生的语言表达能力。

2. 第二步：认车牌，巧识字

组织学生收集车展中出现的车标，查询品牌名称并做成卡片，最后按国籍给车牌分类，使他们在多次视觉重复中强化识字。车牌中既有常用字，也有不太多见的生僻字，从而帮助学生增加识字量。

3. 第三步：小游戏，强化识字

班级开展小游戏——抢答赛。教师准备四组车牌卡片，学生以小组为单位，每组 10 人，10 人循环答题，需要正确读出车牌名并找到对应国家即得 1 分。累计得分最多的组获胜。

（二）第二阶段：讲自家爱车，学会表达

1. 第一步：观察、介绍自家爱车

学生介绍的车比较多，有以下几类：一是私家车，如 SUV、越野车、小轿车、新能源汽车等；二是自己的小车，如滑板车、自行车、独轮车等；三是功能车，如房车、消防车等。

学生演讲的 PPT 都是在家长的帮助下完成，那么家长帮助多的活动对学生有何意义？其实，在整个活动中，学生都应参与其中。当学生寻找介绍点时，一定是和家长一起观察寻找的，所以锻炼了他们的观察能力；当学生演讲时，PPT 中的每一个字都要认识，在一定程度上帮助学生积累了大量的字，实现了识字上的突破；当学生走上讲台大胆演讲时，他们收获了自

信和勇气。当然，他们的表达力和表现力也有所提高。有的学生对着演讲稿不停地练习，和家人沟通自己的想法，解决问题、承受压力的能力也稳步提升。

活动结束后，整个教研组也开始了新的思考：没有家长的帮助，学生们还会介绍物品吗？为了解决这一问题，教研组通过集体讨论认为必须开展延伸的活动，帮助学生掌握介绍物品的方法。总结后，学生了解了介绍物品从以下四点着手。

一是多角度。教师在课堂上帮助学生梳理了可以进行介绍的角度。通过梳理，学生在考察一辆汽车时也会更加仔细，从多个角度观察汽车，将汽车了解得更加透彻。部分学生经教师指导后进行展示时有了质的提升，甚至找到许多教师没有提到的角度。他们有的关注汽车的内部，如方向盘、中控、仪表盘等；有的关注汽车的外部，如外形、颜色、天窗、底盘；有的同学关注了买车的原因，如性能好、外形吸引人、节省能源；还有些学生介绍了自己和小车之间的故事。

二是注意积累句式。学生在介绍中学会了运用简单的句式，如"它有着……有着……还有着……"对一年级的学生来说，这些句式的运用就是他们写作的开始。接下来，学生就可以将积累的词语不断运用于句中来丰富表达，最终使自己的描写具体、生动、吸引人。

三是重点突出。这个方法要求学生能选取最重要的一点进行刻画。例如，在介绍汽车时，有的学生把介绍的重点放在了内部空间上，用大量语言介绍了后备厢的空间多么大，介绍得非常生动。学会了这一介绍方法，学生的描述能力将进一步提高。这一方法不但使叙述更加生动，还能使学生对所描述事物的特点留下深刻印象。

四是运用总分总结构。这一方法使学生了解了介绍前要有整体概括，然后进行细致描述，介绍的结尾可以抒发感情。这也使学生在不知不觉中学会了总分总结构的写作方法。

2. 第二步：画出喜欢的车，即兴介绍

教师希望通过这一活动考查学生是否掌握介绍物品的方法。在进行活动设计的时候，教师也关注到了学习的阶梯性。因为这一活动与之前活动相比，加大了难度，学生要介绍的不是实际存在的车，而是自己脑海里的理想车辆。没有具体的实物，学生要用自己的语言把画出来的车描述清楚就更具有挑战性了。在进行活动时，要给学生充分的时间想象出心中的汽车，然后再进行描述。

（三）第三阶段：倡导绿色出行，体验学习

1. 第一步：体验公交车

此项活动进一步丰富了学生的生活体验，从家用车转到公共交通。活动的意义：①体验生活。因为班里确实有学生并未坐过公交车，帮助他们体验生活。②探索发现。学生带着问题去探索、发现。我们发给了学生探索卡（见表1）。只有细心观察和思考的学生，才能完成表格。

表1 探索卡

序号	问题	是否解决
1	公交车站的站牌，你能看懂吗？	
2	公交车上不同颜色的座椅有何区别？	
3	公交车上都有哪些警示标语？	
4	从学校或补习班到你家，可以坐几路公交车？	
5	怎样做到文明乘车？	
6	乘车时你认识了哪些新字？	
7	为什么乘坐公交车被称为"绿色出行"？	
8	……	

2. 第二步：制作识字小报

根据自己的公共交通出行体验，设计识字小报，就像介绍汽车一样，每个学生的出发点都可以不同。有的学生利用小报介绍了公交车的不同部位，如座位、驾驶席、车门等；有的学生则绘制了自己乘坐公交车的路线图；还有的学生关注了站牌，清晰记录了不同的地名。

3. 第三步：课上交流

学生通过小报主要交流两方面内容：①在乘坐交通工具时看到的新字，让同班同学也可以学会这些字。②探索发现的结果及感受，说一说这一旅程的收获，训练学生的表达能力。

4. 第四步：教室展示，巩固识字

将小报贴在教室里的墙上，在长期的熏陶中收获知识。

五、评价设计

（一）评价目标

（1）帮助学生提高在生活中识字的能力，产生主动识字的意愿。

（2）学生在参与活动后初步掌握介绍物品的方法，介绍有主次、有逻辑，可以让他人较为清楚地理解他们所描述的内容。

（3）学生在活动中收集资料、分享见解，达到锻炼表达能力与探索发现能力的目的。

（二）评价方案及评价指标

评价方案及评价指标见表2。

表2 评价方案及评价指标

活动项目	评价提示	评价方式	形成性评价			
			☆☆☆☆	☆☆☆	☆☆	☆
活动一（看一次车展）	能认真观看车展	同学评				
		自评				
	能用心制作车牌卡	同学评				
		自评				
	能积极主动识字	同学评				
		自评				
活动二（做一次演讲）	能完成演讲PPT	同学评				
		自评				

续表

活动项目	评价提示	评价方式	形成性评价			
			☆☆☆☆	☆☆☆	☆☆	☆
活动二（做一次演讲）	能流利演讲	同学评				
		自评				
	能独立完成介绍	同学评				
		自评				
活动三（体验一次公共交通）	能认真完成体验	同学评				
		自评				
	能落实生活中识字	同学评				
		自评				
	能介绍体验过程	同学评				
		自评				

小小读书郎

活 动 负 责 人：沈宏玲
活动研发成员：刘琳、尹晨妍、葛岩、李颖
活动设计执笔人：沈宏玲、尹晨妍、刘琳

一、活动名片

适合年级：二年级。

资源载体：语文教材中的快乐读书吧、网络。

成果要求：学生通过多种途径购买适合自己的图书。选择一本自己喜欢的图书制作手抄报或者腰封。制作 PPT，分享自己的购书、读书心得。

二、活动背景

（一）知识结构

小小读书郎活动以激发学生的阅读兴趣为基础，通过"寻找—获取—阅读—分享"这一套智力动作，利用多学科知识，完善学生传统的知识架构，推动知识"质变"。在活动过程中，学生要自行确定阅读书目，从而锻炼其自主学习能力、个人决策能力和筛选能力。自己购买图书则要求学生发挥与人沟通能力和在实际生活中的应变能力。

（二）写作和口语交际

在阅读书籍后书写自己的读书感受，要求正确地使用汉字、拼音、标点，使语句通顺并格式正确。向同学介绍自己的 PPT 时，要声音洪亮、内容充实，有个人的思考并能够引起他人的兴趣。

（三）信息技术

在购书过程中可以借助手机、相机等科技产品记录购书足迹，会利用书店中的电脑查询图书。在读书后能够利用 PPT 介绍分享自己的读书感受，使信息技术不只是生活中的玩具，更能成为学习中的助力。

（四）文化积淀，品位提升

学生购书之前有所想，根据个人兴趣、他人介绍等进行筛选，不是盲目地选择，而是真正地沉下心来读书。在购买图书之后，教师向学生系统介绍书的构成，如封面、封底、腰封等。学生读书不再是"囫囵吞枣"地凑热闹，而是在品味内容的同时，鉴赏图书的格调；读书之后开阔视野，积累与图书有关的背景知识，将一本书"读厚"。

三、活动目标

（一）主题学习目标

知识目标：

（1）了解书的结构，知道有关书的专有名词。

（2）能够自行购买自己想要的书。

能力目标：

（1）在购书过程中要阅读导览图、观察标牌等，锻炼阅读能力与观察能力。

（2）借助 PPT 介绍购书流程和读书感受，提高文字表达能力与信息技术应用能力。

（3）在书店中与其他读者或销售人员交流，锻炼与他人沟通的能力。

（4）能够大方、得体、声音洪亮地介绍自己的读书 PPT，提升表达能力。

情感态度目标：

（1）热爱读书，逐步将书作为自己身边不可缺少的一部分。

（2）在读书过程中不断与他人交流，对读书有所感，在班级中营造良好的读书氛围。

（二）学习重点、难点

重点：通过不同方式购买所需图书；走进图书馆参观。

难点：选择适合自己的图书；举办图书分享会。

四、实施过程

（一）第一阶段：小小图书我来选

通过平时阅读经验的积累、同学老师的推荐、书本广告等方式，学生结合自身情况制定了阅读目标，不再盲目地选书，而是经过深思熟虑后知道自己为何而选、如何来选。教师推荐优秀的文学作品，调动学生们的读书热情，并制订了本学期的读书计划。每名学生根据自身需求拟定了将要阅读的书目，并和同学分享了之所以选择该书的理由。课余时间，我们惊喜地发现，同学们这样交流："我想买《窗边的小豆豆》，这本书是书店推荐的'十佳'作品，适合咱们看。""这本书是方素珍写的。我之前看过《花婆婆》，这次准备再买几本，上网查了《外婆住在香水村》《胖石头》不错，准备这周末就去买。""上次去陈默家看到了《雪人》，他说特别好看，所以我想买一本。"学生津津乐道的交流正是源于他们对读书的渴望。

设计意图与点评：帮助学生明确个人读书的原因、目标，提升学生的筛选能力、决策力。

（二）第二阶段：多种购书长经验

学生确定了书目后，在家长的带领下走进书店，体验了购书的全过程。学生们的购书过程留下了自己的足迹。在家长的帮助下，他们通过 PPT 展示了学习的过程。

体验 1：到书店亲自购买所需图书，找到想买的图书，完成付款全过程。

语文课上，我们请率先完成购书任务的同学给大家做了经验分享。学生们站在讲台上，结合精心制作的 PPT 分享着他们的体会、收获，讲述着购书过程中的一个个小插曲，引得全班同学时而开怀大笑，时而拍手称赞。分享结束后，老师们还和全班同学进行点评，帮助完善分享内容。后面是几位同学分享结束后大家提出的建议：①照片有点虚，提高照相技术。②去之前想买什么书，你没说出来。③你怎么找到自己想买的书的？书店里那么多书架，一定比较难找吧！④付款时你是怎么计算的？⑤付款时你和收银员说了什么？⑥通过自己买书你有什么收获？同学们的建议不仅可以完善分享者的购书经历，而且对还没有购书的同学也是一种提示，提示他们在购书过程中更全面地观察，让他们的体验更完整清晰。

学生制作了"书单"；学会了看导航图；还在买书时遇到了"打折"问题，触发了他们的求知欲。有的学生在购书过程中还发现了一些问题，如损坏图书等，从而提醒同学们要爱护图书。

看到学生们的成长我们在想，在这之前很多学生是没有进入书店购书的经历的。虽然家长会为学生买回零星的几本书，但很难激发他们的阅读兴趣。而当学生亲自走进书店，看到一列列整齐的书架和求知若渴的读书人时，他们便能亲身感受到这浓厚的阅读氛围，产生强烈的求知欲与阅读兴趣。同时，学生在购书时要亲自找书，需要借助导航图、电脑或向他人询问。这些小挑战也锻炼了他们的阅读、沟通与电脑操作能力。购书时，学生用现金付款。这就要求他们能选合适的纸币。这一环节也与学生本学期数学中货币这一单元相结合，很好地体现了语文与数学的融合，也让学生将课本知识应用于实践。整个购书活动需要学生通过种种努力才能买到图书，而且他们也会对这本书格外珍惜。

体验 2：在网络上购书。

我们还设计了网络购书环节，要求学生在购书后将购书的流程截图展示。现代化的技术已经融入我们的生活，网络购物已经司空见惯。学校的综合实践活动也要紧扣生活实际，所以我们设计了这一环节。学生在这一环节的体验中，不仅初步掌握了网络购书的流程，感受到现代科技给我们带来的便捷，而且在绘制网络购书流程图的过程中认识到做事情应该有条理、有规范。

学生的课程中也有信息技术。这一环节不但运用了学生在课上所学知识，还锻炼了他们的电脑操作能力，更激发了他们学习信息技术的热情。

体验 3：去图书馆借阅图书。

最后，学生还在家长的带领下走进了图书馆。走进图书馆丰富了学生的课余生活，开阔了他们的视野。他们在图书馆不但可以借书，还能够参加各种有趣的讲座、参与有趣的活动。这都大大激发了学生的读书热情。

设计意图与点评：

（1）去书店选书丰富了学生的生活体验，在购书时要自己找书、购书。这正是运用沟通能力、读图能力的时刻。

（2）网络购书让学生体会高科技为生活带来的便捷，运用信息技术，在整理购书流程的过程中认识到做事要有条理、有逻辑。

（3）图书馆是书的海洋。在那里，学生对读书更有热情。

（三）第三阶段：潜心读书会思考

拿到图书后，学生们沉下心来进行思考。当书越来越成为他们生活中不可缺少的一部分时，教师在课堂上又让学生拿起书，重新认识图书。我们讲解了一本图书每一部分的名称，书的前言、序、扉页、正文、封底、腰封的作用和意义，让学生又加深了对书的认识。尤其是在介绍封底、腰封的设计时，学生们更是跃跃欲试，都想给自己读过的图书设计腰封。之后，我们还进行了绘本公开课。

设计意图与点评：

（1）学生在日常读书时经常会"速食主义"，囫囵地看了一堆书，却在脑中没有丝毫印象。书写读后感让学生带着思考读书，沉下心来。而读后感的写作又锻炼了学生的写作能力。

（2）绘本课前教师进行了充分准备，课堂气氛热烈浓厚，学生进一步了解了书的结构，更加热爱读书。

（四）第四阶段：读书分享欢乐多

每班都在语文课上进行了读书汇报，学生或介绍自己的购书流程，或分享所读图书，现场气氛热烈。最后，大家还填写了好书推荐单、读书愿望单，开启了下一次读书之旅。

设计意图与点评：汇报活动意在提升学生的语言能力，临场发挥能力。同时，根据他人介绍，学生找到了新的读书目标，开始新的阅读。

五、评价设计

活动采取表格式分阶段评价见表1。

表1　活动表格分阶段评价

内容	标准	等级
多种购书长经验	在相应购书方式下画"√" 1. 网络购书　　　　　　（　　） 2. 书店购书　　　　　　（　　） 3. 与同学交换图书　　　（　　） 4. 图书馆借阅　　　　　（　　）	完成 4项　优秀 3项　良好 2项　合格
潜心读书会思考	1. 已读所购图书　　　　　　（　　） 2. 结合书的内容完成手抄报　（　　） 3. 结合书的内容制作腰封　　（　　） 4. 结合书的内容制作封底　　（　　）	完成 4项　优秀 3项　良好 2项　合格
图书分享快乐多	1. 制作的作品独立完成、图文并茂，并有自己的看法　　　　　　（　　） 2. 分享交流时体态自然大方，表达清晰，声音洪亮，语言流畅　（　　） 3. 在听同学发言时注意力集中，会倾听 4. 能够通过同学的分享展开新的阅读计划　　　　　　　　　　（　　）	完成 4项　优秀 3项　良好 2项　合格

附录

《雪人》教学设计

教学目标

（1）能借助一幅或多幅图抓住细节说几句连贯的话，把所要表达的意思按照一定顺序表达清楚。

（2）能够认真听别人讲话，努力了解讲话的主要内容。听故事，能够关注大意和感兴趣的情节。

（3）有表达的自信心，积极参加讨论，敢于发表自己的意见，感受阅读的快乐。

教学过程

一、激趣导入，进入情境

（1）这就是本书的封面。快看看，你发现了什么？

（题目：这个书名的字体选得真有意思，你看好像雪人正对我们眨眼呢！）

（2）作者、出版社、雪人图及背景：在这寒冷的严冬飘落着雪花，有个白白胖胖的雪人在那里对我们微笑，给人一种温暖的感觉。

（3）通过认真的观察，我们发现了书的封面上这么多有价值的信息。

二、整体感知，熟悉特点

（1）孩子们，这个绘本给我们讲了一个怎样的故事呢？现在请你翻开书安安静静地看看。

（2）读完之后，你觉得它与我们之前读的绘本有什么不一样呢？（这本书有大量的图画，没有一个字，留给我们许多想象的空间。）

（3）谁来说说这本书讲了一个什么故事呢？（男孩的名字：雷蒙。板书：清晨、白天、夜晚）

（4）加上这些时间词，自己再来说说这个故事。

（5）谁再来讲一讲？你看，我们讲故事是有一定顺序的，你在前面都加上时间词，这样故事讲得更清楚明白。以后，我们再讲故事的时候也要有顺序。

三、关注细节，顺序表达

（1）刘老师在雷蒙家的客厅里发现了一件特有意思的事。你看这两幅图。（雪人进入客厅发现了一只蜷缩在壁炉前的小猫，他连忙走过去蹲下身子，轻轻抚摸着小猫，想逗逗它。可是，这时壁炉里的火越烧越旺，吓得雪人直往后退，伸出胳膊挡住飞溅出来的火星，咧着嘴喊道："哎哟！哎哟！"雷蒙也吓得睁大了眼睛，高声说："快躲开，快躲开！这里有火！"小猫也吓得一溜烟儿地跑开了。）

（2）刚刚看完这本书，那你觉得这本书最精彩的地方是哪儿？老师发现大多数同学说的事情都发生在雷蒙的家里。的确，雷蒙的家对雪人来说是一个新奇的世界。现在，我们就一起走进雷蒙的家看一看吧。

（3）孩子们，像这样有意思的情节在雷蒙家到处都有，书中还藏着很多呢！我们再来看看这部分，和你的同桌说一说自己觉得有意思的画面，也可以两个人一起演一演，待会儿我们来交流。

（4）谁愿意把自己最感兴趣的一幅或几幅图讲给大家听？（评价观察得仔细，抓住了什么细节，加入自己的想象。）

（5）你能给讲的这个情节起个名字吗？

（6）我们说到他们去了……他们还去了……你看在这个新奇的世界，在雷蒙的带领下，他时而开心、时而好奇、时而得意、时而享受，又时而疯狂。雪人在这个七彩的世界里有了全新的体验。

四、抓住细节，展开想象

（1）朋友之间需要分享。雪人也带着雷蒙走进冰雪世界，雷蒙又有哪些前所未有的经历和感受呢？我们看看书中第18～25页。

（2）同桌说说。

（3）他们先来到了城市的上空，又来到了教堂，最后在码头迎风看海、看日出。

（4）看看每一幅画上雷蒙飞上天的表情，你有什么发现？他是什么心情？你赶紧翻开书看看。（他非常开心，有许多惊喜，飞上这么高的天空一点儿不害怕是因为和朋友在一起。）

（5）我们也说他们看到了日出，说明这次愉快的旅程马上就要结束了。告别的时刻到了，谁能根据画面的内容说一句话。（告别）

（6）这一夜雷蒙辗转反侧，脑海中浮现着与雪人共度的快乐时光。他在漫天的飞雪中，一点一点地堆起了这个心爱的雪人，带着雪人尽情地欣赏着新奇的七彩世界，和雪人高高地飞上天空欣赏不一样的冰雪世界。离别时，他们紧紧相拥，不忍离去。

第二天清晨，天蒙蒙亮，雷蒙顾不得穿好衣服，便冲出家门寻找雪人。他看到了——画面留给我们许多想象的空间。我们的视线里只剩下雷蒙的背影和融化的雪人。此情此景，你想说什么？（是啊，孩子们，在这寒冷的冬日，正是珍贵的友情温暖了我们的内心。虽然雪人融化了，但是雪人和雷蒙共度的快乐时光却永远留在他的心中。）

（7）孩子们，你们知道吗？这本书已经出版很长时间了，它比你们都大，比老师的年龄都大。

五、真情感悟，制作腰封

（1）孩子们，许多书都有腰封，腰封上会有这本书的介绍。如果出版社要请你给本书的腰封写一句最吸引人的话介绍这本书，你会写什么。回去之后，我们还可以对腰封再涂色设计。

（2）你看，孩子们，我们刚刚一起看了这本书，将雪人的故事理出来一条线，在不同的地点、不同的时间发生了许多有意思的事。借助故事线，我们还分享了各自觉得有意思的画面。其实，在这个故事里还有许多有意思的地方需要我们去发现，我们把它贴在班里，如果你有新发现继续贴在下面。以后，我们阅读其他故事的时候也用这种阅读方法交流感受，分享更多的收获和乐趣。

六、拓展推荐，爱上阅读

孩子们，不仅我们在读，各国的孩子都在读，都感受到了这本书中珍贵的友情。其实，作者雷蒙·布利格还创作了许多这样感动人心的作品。老师推荐给你们两本。在这两本书中，你们又体会到怎样的情感呢？课后仔细读读，读后我们再来分享。

快乐你我他

活 动 负 责 人：沈宏玲
活 动 研 发 成 员：李颖、葛岩、尹晨妍、刘琳
活动设计执笔人：沈宏玲、刘琳、尹晨妍

一、活动名片

适合年级：二年级。

资源载体：录音设备、语文教材、网络。

成果要求：教师完成学案设计、持续性评价设计，反思活动，完成活动手册。学生完成快乐分享卡，采访录音，记录快乐感言。

二、活动背景

《语文课程标准》在前言中指出，语文课程是一门学习语言文字运用的综合性、实践性课程。义务教育阶段的语文应使学生初步学会用祖国语言文字沟通，吸收优秀文化，从而促进其精神成长，重视语文课程对学生情感所起的熏陶作用，培养学生良好的思想道德风尚。

开展"快乐你我他"综合实践活动的目的：在活动中教语文，在活动中学语文，在活动中用语文，在活动中提高语文素养。《语文课程标准》对第一学段的写话和口语交际有明确的要求："对写话有兴趣，留心周围事物，写自己想说的话。""能认真听别人讲话，努力了解讲话的主要内容。"

本活动旨在让学生体会帮助他人自己也能得到快乐。想要丰富学生的精神世界，由内而外地产生真情实感，就必须让他们走进生活去开展学习活动，

去体验、去感受。生活在城市的学生们生活富足、备受关爱，但是过度的呵护背后却是情感的缺失。很多学生只会寻求片面的快乐，或者只关注自己的情绪。我们设计"快乐你我他"这一活动的目的是让他们借助综合实践活动体会快乐的真谛，希望他们能够由此及彼，回忆自己的快乐、发现他人的快乐、提升个人快乐的层次，从而得到情感上的升华。

三、活动目标

（1）提升学生的写话能力，做到书写正确、语句通顺。

（2）通过采访，了解他人的快乐，提高与他人沟通的能力。

（3）通过活动丰富学生对快乐内涵的理解，感悟快乐的真谛。

四、实施过程

（一）内容框架

快乐命名：填写快乐卡 ——> 指导修改快乐卡 ——> 为快乐卡命名

快乐群落：录音采访 ——> 组内互听 ——> 分享录音

快乐感言：书写快乐感言

（二）整体规划

本次语文综合实践活动需要六课时完成。

第一课时：学生利用课余时间填写快乐卡。课上教师对快乐卡中的优秀范例进行展示，并对典型错误进行讲解。学生修改快乐卡。

第二课时：学习资料《雨后》。本文的安排旨在让学生体会在雨后广场上自由自在玩耍的快乐。

第三、四课时：学习资料《一件好事》。通过本文的学习，学生能够懂得帮助别人、无私给予也是一种快乐。

第五课时：分享录音。将组内选出最感人的录音在课上进行分享交流。

第六课时：书写快乐感言。落实提高写话能力的目标。

（三）具体过程

阶段1：快乐命名。

1. 师生准备

教师制作快乐分享卡。学生利用课余时间思考：生活中哪些事让自己感到快乐，并填写快乐分享卡。

2. 实施流程

填写并装饰快乐卡→指导修改快乐卡→为快乐卡命名。

3. 具体操作

结合"语文天地"中的讨论题：说一说，什么时候感到快乐？我们设计了快乐命名这个环节。

（1）填写并装饰快乐卡。教师精心设计了"快乐分享卡"，简称"快乐卡"。此卡分为三部分：自己命名处、写下快乐的事情及感受者命名处。教师下发快乐卡给学生，让他们写出生活中能让自己快乐的事。

收齐学生交上的快乐卡，教师们对其进一步分类，其中提到的比较多的有旅行的快乐（巴拿山一日游、古镇之旅），阅读的快乐（书是快乐的海洋、阅读之乐），进步的快乐（进步使我快乐），获得成就感的快乐（我的第一记本垒打、我学会了骑自行车），朋友之间相处的快乐（朋友、友谊很重要），成长的快乐（我要当姐姐）等。

（2）指导修改快乐卡。同学们利用课余时间阅读卡片，为快乐命名。同学们参与的热情十分高涨，下课时展示板前围满了学生。我们仔细阅读学生的快乐卡后，针对以下三点进行了指导：第一，纠正学生书写中的错字、拼音及不正确的标点，使学生把句子写正确；第二，指导学生写完整的句子，把句子写通顺；第三，帮助学生在把句子写准确的情况下，用更丰富的词汇突出快乐的情感。经教师的指导，学生做出了许多精美的快乐卡。

（3）为快乐卡命名。通过学生的分享和命名，不难看出，他们思路开阔，对他人的文字有一定的理解能力，如我要当姐姐、我的第一记本垒打，这样的例子还有很多很多。

命名时，虽然学生们热情很高，但也存在一些问题，突出的问题有一部分同学无法准确抓住主题，词语匮乏。针对问题，我们拿出典型事例进行讲解，让他们学会如何抓住主题给快乐命名。

不得不提的是，学生们意识到自己词语匮乏，自觉地在生活中、阅读中积累好词佳句。

这次写作指导也为活动的第三步写快乐感言做好铺垫。

阶段 2：快乐群落。

1. 师生准备

教师设计采访稿，学生进行录音采访。

2. 实施流程

录音采访 ⟶ 组内互听 ⟶ 分享录音。

3. 具体操作

在学生能准确表达自己的快乐，能了解他人的快乐之后，我们又利用教材中的两篇主题课文再理解他人的快乐。为了增加快乐的广度和深度，我们开展了以下活动。

（1）录音采访。学生利用课余时间采访身边的人，了解他们的快乐生活。教师设计了简单的采访稿。采访的核心问题是：在日常生活中，什么事能让您感受到快乐？

同时，教师也简单地渗透了采访稿的要素，如采访时间、地点，采访的主题及采访人和受访人之间的对话。教师给学生们采访稿范例的目的是让他们做事有章法，有迹可循。在采访过程中，学生们也可以根据自己的阅历、想法、对受访人回答的理解进行创新。在这个过程中，学生倾听的能力、对语言的理解能力及口语交际能力都能得到锻炼。

（2）组内互听。教师对学生上交的录音进行整理，然后将 6 人分为一组，让他们利用课余时间倾听组内其他成员的录音，并挑选出最让人感动的录音。在这个过程中，教师及学生共同整理，发现同学们的采访范围很广泛、采访对象丰富，如家人、朋友、老师、保安、物业人员、保洁员等。

（3）分享录音。课上，同学们分享让自己最感动的录音，之后谈谈听后感受。有些同学谈道："并不是得到东西才会快乐。玩游戏可以快乐，妈妈们都觉得自己的孩子快乐自己就会快乐幸福，这就是母爱的伟大吧！"也有同学说："我发现爸爸、妈妈的快乐不同，工作岗位不同的人快乐也不一样。"就这样，他们体会到快乐不仅仅是获得，更是给予。一个人在身份不同时所感受到的快乐是不同的，不同人的快乐是不同的，最终形成快乐群落。

阶段3：快乐感言。

1. 师生准备

课上交流感言，将快乐感言书写在稿纸上。

2. 实施流程

发表快乐感言→书写快乐感言。

3. 具体操作

在学完两篇课文、分享录音后，我们再次让学生思考：生活中，什么事能让你感到快乐？学生根据自己的理解书写快乐感言。

通过学生们的作品，我们可以看到他们拓宽了快乐的广度、增加了快乐的深度。同时，有第一个环节"快乐命名"的写作指导，他们明显可以减少错别字、病句，并且可以运用多种形式表达自己的想法，如句、段、诗歌。

五、评价设计

活动评价见表1。

表1 活动评价

内容	标准	等级
快乐命名	1. 能在快乐墙上留下自己快乐的印迹 （ ） 2. 能够将自己的快乐分享给他人 （ ） 3. 能够感受到他人的快乐，并为他人的快乐命名 （ ）	完成 3项 优秀 2项 良好 1项 合格

续表

内容	标准	等级
快乐群落	1. 能够对身边的人进行关于快乐的采访录音 （ ） 2. 完成组内互听任务，并挑选出令自己最感动的录音 （ ） 3. 在班级分享录音时，敢于表达自己的想法，积极参与快乐群落的讨论 （ ）	完成 3 项　优秀 2 项　良好 1 项　合格
快乐感言	1. 能用自己的话完成快乐感言 （ ） 2. 能做到书写正确、语句通顺，正确使用标点符号 （ ） 3. 有自己独到的见解，用生活中积累的好词佳句完成快乐感言 （ ）	完成 3 项　优秀 2 项　良好 1 项　合格

附录

雨　后

嫩绿的树梢闪着金光，

广场成了一片海洋！

水里一群赤脚的孩子，

快乐得好像神仙一样。

小哥哥使劲地踩着水，

把水花儿溅起好高。

他喊："妹，小心，滑！"

说着自己就滑了一跤！

他拍拍水淋淋的泥裤子，

嘴里说："糟糕—糟糕！"

而他通红欢喜的脸上，

却发射出兴奋和骄傲。

小妹妹撅着两条短粗的小辫，

紧紧跟在这"泥裤子"后面。

她咬着唇儿，

提着裙儿，

轻轻地跑，

心里却希望自己

也摔这么一跤！

一件好事

一天，我的姐姐克拉拉对我说："我们已经长大了，今天应该做一件好事。"

我问："做什么好事呢？"

"我们送些衣服给穷人，你拿出一条裤子，我拿出一件上衣，这就是做好事。"姐姐说。

"可我连一个穷人都不认识，你认识吗？"我说。

"这很简单，"克拉拉说，"我们只要把你的裤子和我的上衣装进塑料袋，放在房门前，就会有红十字会的人员来取的。"

我们立即找来一个塑料袋，把我的裤子和克拉拉的上衣放了进去。然后我们想："得到我们衣服的孩子一定很快乐。可是，他们还有贫穷的父母呢。"于是，我们又去找来爸爸的一件毛衣和妈妈的一件绿色外套。克拉拉还说，得到衣服的穷人一定还需要鞋子。于是，塑料袋里又装了四双鞋子。

我们很费力地把口袋提到楼下。大门前已经有许多袋子了，不过我们的口袋最满。

"这些口袋里也一定有好东西。"克拉拉说。

"这真是一件好事吗？"我问。

"当然，一件非常好的好事。别人快乐，我们也快乐。"克拉拉说。

可是，我们的爸爸在找他的鞋子时却不这样认为。

"我的黑鞋子在哪里？"当我们气喘吁吁地回到屋子时，爸爸问，"你们怎么会把我的新鞋子送掉的？"

"为什么穷人就该总是穿旧的东西呢？"克拉拉问。

"对呀，"我说，"那样，他们看上去就更穷了。"

爸爸深深地叹了口气，说："我真想哭，也真想笑。"他摇了摇头，看着妈妈笑了起来。

擦燃一根火柴　点亮童话之旅

——安徒生童话阅读

活动负责人：朴英兰

活动研发成员：刘娜、武月红、梁爽、袁青

活动设计执笔人：朴英兰、刘娜

一、活动名片

活动主题：安徒生童话阅读。

适合年级：三年级。

资源载体：

（1）教育部 2019 年审定的义务教育语文教科书（以下简称"部编版教材"）语文三年级上册第三单元的主题是童话，编排了不同作家、不同风格的四篇中外童话，其中《卖火柴的小女孩》是丹麦作家安徒生的一篇著名童话，讲述了一个卖火柴的小女孩大年夜冻死在街头的悲惨故事。本单元的习作要求是"试着自己写童话"。"快乐读书吧"推荐阅读《安徒生童话》《稻草人》《格林童话》等。

（2）安徒生是世界著名的童话作家。虽然他创作的作品体裁是童话，但是其中蕴含了丰富的人生哲理，充满了真、善、美等人类美好的情感，可以净化日益浮躁的人心。安徒生将童话作为一种现代表达方式进行创作，借用童话的"儿童"视角透视现代人的复杂生活。安徒生使童话超越了民间文学范畴的传奇想象，成为一种鲜明的个体写作和现代技巧探索。

（3）从我国语文教育发展的历史来看，表演素来被作为一种重要的语文综合性学习形式。黎锦熙先生早在 1924 年出版的《新著国语教学法》中，就反复强调了"表演"在国语教学中的作用："表演"在国语教学上至关重要，实则就是"读法"的"应用"了。只要可能，什么教材都应该表演。因为表演的好处如下：

一是使儿童设身处地地将书中的人物与自身合二为一，书中人物的感情、意志就是自身的感情、意志，不但亲切有味，而且感受甚深。

二是由儿童各自选定课文中的人物，这会使他进行一番选择的思考，课文的精彩处多由此触发而来。

三是表演总在两人以上，因此就需要共同的安排布置，并且负联络贯串的责任，利于培养儿童通力合作的社会精神。

综上所述，开展"擦燃一根火柴　点亮童话之旅——安徒生童话阅读"实践活动，以童话剧创编表演的方式对学生形成冲击力，激发学生听说读写的兴趣，激活学生的创造力，培养学生的综合表达能力、人际交往能力、搜集信息能力、组织策划能力，以及互助合作和团队精神，从而提升学生的语文素养。在活动中，学生需要完成一整套智力动作（童话阅读、阅读小报制作、经典童话人物剪纸作品欣赏、创编剧本、表演童话剧、设计制作演出海报和邀请函等），调动已有的多学科（语文、美术、音乐等）学习经验，进行知识的整合，对知识进行有效重构。

成果要求：创编安徒生童话剧剧本，表演童话剧。

二、活动背景

（一）教材内容

部编版教材三年级上册第三单元选编了不同作家、不同风格的四篇中外童话，其中《卖火柴的小女孩》是丹麦作家安徒生的一篇著名童话。本单元的语文要素是"感受童话丰富的想象"，通过单元学习引导学生体会童话丰富而奇特的想象。本单元的习作要求是学生自己发挥想象编童话，写童话。"快乐读书吧"以"在那奇妙的王国里"为主题，引导学生阅读中外经典童话。"你读过吗"和"相信你可以读更多"通过列举经典故事、展示精彩片段、简要介绍故事内容的方式，引导学生阅读《安徒生童话》《稻草人》《格林童话》。

（二）教学资源

图书阅览室里有相当一部分是安徒生的童话书。学生人手一本上海译文出版社出版、任溶溶译的《安徒生童话》。

（三）学生情况

三年级的学生对童话都很感兴趣，但对童话体裁本身、作者与创作背景，特别是对理解和感悟安徒生童话所折射出的人性的光辉还是有一定困难的。

三、活动目标

（1）读童话，让学生能友善地面对这个世界，让他们更能作为一个童话般的存在生活在这个世界，不仅能记住安徒生童话中唯美或是离奇的故事，更能体会出人性的光辉，帮助他们学会成长。

（2）实践最完美的童年教育方式。让学生参加童话剧表演，不是要培养文艺爱好者，而是要教会他们一种社会技能，帮助他们把书面文字转化成舞台语言、形体动作，从安徒生童话阅读走向探究，培养他们的活动能力、组织能力、创造能力和良好品质。

四、实施过程

（一）准备阶段

1. 实施目标

（1）学习《丑小鸭》，理解丑小鸭对自己遭遇的态度及他所做的努力。

（2）初步阅读《安徒生童话》，了解作家作品，完成阅读小报的制作，召开童话故事专题读书会，欣赏安徒生童话人物剪纸作品。

2. 实施流程

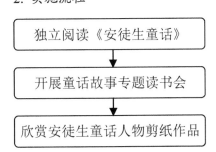

独立阅读《安徒生童话》

↓

开展童话故事专题读书会

↓

欣赏安徒生童话人物剪纸作品

3. 实施建议

（1）初步独立阅读《安徒生童话》。

（2）收集安徒生资料，学习《卖火柴的小女孩》，初步了解作家与作品的联系，认识作品中的安徒生。

（3）再次阅读《安徒生童话》，开展经典童话故事专题读书会，探究安徒生童话创作的背景与动机、风格、主题（如善恶、勇敢、坚强、幸福、平等），完成个性化任务：小书签——记录阅读的收获与感受；配插图——把我喜欢的故事画下来；人物卡——我喜欢的童话人物；手抄报——我喜欢的故事。

（4）欣赏安徒生童话人物剪纸作品。

享誉中外的中国剪纸艺术家卢雪，现为中国艺术剪纸协会（香港）会长，中国艺术研究院特邀研究员，中国艺术研究院民间艺术创作研究员。她历多年创作的五部安徒生童话112幅剪纸作品被丹麦安徒生博物馆收藏。学生们欣赏观看她的剪纸作品，感受民族文化魅力的同时，对安徒生作品中的人物有更多的了解。

（二）实施阶段

1. 实施目标

（1）选择自己感兴趣的故事或片断创编剧本，学会将书面语言转化成舞台语言。

（2）合作编排、表演童话剧，培养学生的活动能力、组织能力、创造能力和良好的品质。

2. 实施流程

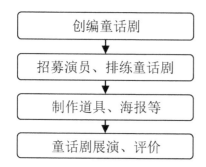

创编童话剧
↓
招募演员、排练童话剧
↓
制作道具、海报等
↓
童话剧展演、评价

3. 实施建议

（1）创编剧本。

重点指导：第一，选择一篇童话或其中一个段落（矛盾冲突激烈、情节性强、人物性格鲜明）。第二，剧本的格式：题目、人物、时间、地点、道具、背景、场名、正文。第三，小组合作完成童话剧剧本。

重点提示：第一，改编时要删减，注意既要适合剧情发展及人物性格的需要，又要适合舞台演出。第二，童话里一些能反映人物性格的对话及有关动作要在剧本中体现，注意突出其作用。

关于台词（人物语言）：第一，编写台词以文中的人物语言为基础，进行必要的调整、充实和完善，力求人物个性突出、故事连贯完整。第二，人物的心理活动、相互关系及幕后发生的情节，一般应通过人物台词自然地表现出来。第三，必要时可以使用独白和旁白，独白可用作人物的自我介绍或抒发情感，旁白可以串联情节或点明含义。

（2）剧本评选，选出班级优秀剧本。

（3）制作道具（与美术学科融合）。

（4）寻找背景音乐（与音乐学科融合）。

（5）招募小演员。

（6）排练童话剧。

（7）制作童话剧表演的宣传海报。

（8）制作邀请函、入场券。

（9）童话剧展演。

童话剧剧目：《丑小鸭》《皇帝的新装》《蜗牛与玫瑰树》《野天鹅》《卖火柴的小女孩》《豌豆上的公主》《猪倌》《笨蛋汉斯》《小意达的花》《打火匣》《小人鱼》《小锡兵》《夜莺》《大小克赖斯》……

（10）评价（表演评价见表2）、颁奖。

五、评价设计

剧本评价见表 1，表演评价见表 2。

表 1 剧本评价

项目	要求	分值	得分
格式	正确、规范	2	
忠于原作，有所创新	能根据需要对人物的语言及相关情节做出调整，不改变主题和主要情节	2	
故事完整	故事性强，有吸引力	2	
对白设计	人物语言能够体现出人物的性格、推动情节的发展，同时有人物的心理活动、神态、动作及旁白提示	4	

表 2 表演评价

项目	要求	分值	得分
服装、道具	符合剧情	1	
仪态	落落大方，自然，手势与内容相符，能体现人物性格	1	
故事表达	故事表演完整，语言流畅、清晰，不笑场	4	
语音、语调、情感	符合故事发展及人物的性格。感情基调与故事内容相符，感情流露自然得体	3	
效果	有感染力，观众反应好	1	

附录

《安徒生童话》整本书阅读教学设计
——走进奇幻的《安徒生童话》

刘 莹

导入：本学期我们一起阅读了《安徒生童话》，其中许多有趣的故事和生动的形象一定深深地吸引了你。今天这节课就让我们再次走进安徒生的童话世界，一起交流我们的阅读收获。

环节一："我来猜一猜"

一、根据图片猜一猜

你能根据图片提供的线索猜猜这是安徒生的哪篇童话故事吗？

——《老头子做事总是对的》

看来，老头子用马换烂苹果的经历给你们留下了深刻的印象。

二、根据词语猜一猜

这次出现的是一个词语"公主"，它能使你联想到哪篇童话故事？我们可以联系的童话故事有很多，看来公主和王子的故事是童话永恒的主题。

三、根据文字提示猜一猜

线索1：tā一直跟一对夫妻一起生活，从青年直至老年。

线索2：tā工作在路边已经42年了，见证生活中形形色色的人和事。

线索3："有一天——那是守夜人的生日——老太婆把灯拿出来，暗自微笑着说：'为了庆贺我的老头子生日，我今天要把它点亮。'"

——《老路灯》

（出示图片）看来，能成为童话主人公的不仅仅是人，生活中常见的物，一根蜡烛、一枚银币、一个瓶子，都曾作为安徒生童话的主人公，所以有人曾对安徒生说"哪怕一根小小的缝衣针你也能写成一篇童话吧"。

四、回顾前期开展阅读活动的情况

前期我们的阅读活动开展得丰富多彩。有的同学摘录精彩段落做了精美的小书签，有的同学结合自己的阅读感受制作了读书卡，还有的同学发现这本书没有插图，还给自己喜欢的童话配了插图。（出示"大树"图片）看，这就是咱班同学画的一张插图，猜猜这是哪篇童话？你们看，这里还有一个神秘机关，睁大眼睛，"变"——《打火盒》故事发生在一个深不见底的老树洞，三只眼睛大得像茶杯、像车轮、像座塔看门狗。能帮人实现愿望的打火盒，多么离奇的想象呀。

（出示《拇指姑娘》插图）再看看同学画的这几幅插图，大家看看这是哪篇童话。这些插图的顺序是错乱的，你能否重新排序并讲讲这个故事吗？

环节二：探索童话之"奇"

一、初步感受"奇"

你讲述得真清楚。大家记得吗？童话中还有对拇指姑娘这样的描写，翻开童话书 26 页找一找，试着填一填、说一说。

她几乎还没有＿＿＿＿＿＿，

大家就把她叫作"拇指姑娘"。

一个＿＿＿＿＿给她做摇篮；

她的床垫是＿＿＿＿＿＿，

被子是＿＿＿＿＿＿。

一片＿＿＿＿，给她当船玩。

（指名读，一人读一行）说说读完你有什么感受？——"小"。

过渡：这是拇指姑娘最大的特点。那就让我们缩小再缩小，走进她那小小的世界。我们一起读读这段话。（师生对读）

她几乎还没有 大拇指的一半长，

大家就把她叫作"拇指姑娘"。

一个 擦得很亮的胡桃壳 给她做摇篮；

她的床垫是 蓝色的紫罗兰花瓣，

被子是 玫瑰花瓣。

一片 郁金香花瓣，给她当船玩。

同学们，再来读一读这段描写，又有什么感受？——"生活的环境太奇特了"。

用一个字概括此时的感受——"奇""环境"（板书）。

在这篇童话中，还有哪些神奇的地方给你留下了深刻的印象？

（板书：形象、情节）（老师把学生所说的写到学习卡上，贴在黑板上。）

二、讨论梳理"奇"

其实，安徒生的每一部作品都能让我们读出这样的感受，也正是这个特点使他的每篇童话都那么吸引人。

下面以小组为单位，确定一篇你们最感兴趣的文章来探索童话世界中的奇妙，将你们的感受写在我们的学习卡上。

出示学习提示：

小组合作探秘安徒生童话之"奇"。

（1）小组确定一篇最感兴趣的童话进行讨论。

（2）发现童话中的"奇"，用简练的语言概括后写在学习卡上。

三、汇报交流"奇"

小组汇报完一篇童话，再进行下一篇。一个小组说完之后，就把学习卡贴到黑板上不同的项目（环境、形象、情节、物品）里。

预设：《小人鱼》中的小人鱼长得太美了，不仅外在美，而且心灵同样美丽。她救了落入海底的王子并爱上了他。为了拥有人的灵魂，能和王子在一起，她失去了自己甜美的嗓音，忍受每走一步就像走在刀尖上的痛苦，甚至最后因为不忍心伤害心爱的人而变成了泡沫。她的善良、牺牲精神和对美好的向往，打动着我们在座的每一个人。

《小伊达的花》写的是一场花的盛大舞会，所有的花都在翩翩起舞，是怎样的景象呀，真是离奇的想象。

《豌豆上的公主》中二十床垫子、二十床鸭绒褥子，居然还被一颗小小的豌豆硌得青一块紫一块，多么夸张和离奇啊！

环节三：感悟童话之"真"

切入点：

《皇帝的新装》中皇帝实在愚蠢，他明明没有穿衣服，却摆出身着华服的样子，这样的情节太奇怪了。

出示《丑小鸭》片段，老师读，看看学生有什么发现。

出示《安徒生自传》中的一段文字："我敏感得可怕，又天生容易犯错。人人都知道这一点，有些人因此甚至用几乎残忍的方式对待我。就这样，我不断地听人指出我的错误，甚至是莫须有的缺点。我难以克制自己的感情，于是向他们宣布，我终有一天会成为他们敬仰的诗人。"

对比这段，读一读《丑小鸭》中的话："他曾经由于丑而受到虐待和讥笑，现在却听到他们说他是所有鸟中最美丽的。""他籁籁地抖动羽毛，弯起他细长的脖子，从心底里快活地叫道：'当我是一只丑小鸭的时候，我做梦也没有想到过这样的幸福。'"

你们看，刚才我们一直讨论的充满奇幻色彩的童话好像离我们的现实世界很遥远，和我们的生活完全不一样，其实你们知道吗，这些童话都反映了安徒生对于生活的思考和感受。

安徒生一生游历过许多国家和地方，他曾去过冰天雪地的瑞典，我们就在《雪女王》中感受到了北欧冬天的寒冷。鹳鸟是丹麦人都喜欢的一种鸟，每年夏天它们就会飞回丹麦，所以它们就出现在《丑小鸭》《沼泽王的女儿》中。安徒生甚至专门写了一篇有关它的童话，就叫《鹳鸟》。安徒生说："旅行就是生活。"终其一生，他携着一把雨伞、一根手杖和简单的行囊访问了欧洲的所有国家与城市。这些国家与城市的风情都不同程度地被他写入了童话故事。（出示地图）

总结：今天这节课，我们对安徒生和他的童话可能又多了一些新的认识，这本书的译者任溶溶老先生在译者序中最后说道："安徒生童话可以让人从小读到老"。今天，我们的阅读只是给大家打开一扇窗，相信大家在之后的阅读中会有更新的感受。

走 进 自 然

活 动 负 责 人：朴英兰
活 动 研 发 成 员：袁青、刘娜、武月红、梁爽
活 动 设 计 执 笔 人：朴英兰、刘娜

一、活动名片

活动主题：走进自然。

适合年级：三年级。

资源载体：部编版教材三年级下册第一单元春天。春季社会实践活动地点为农业嘉年华，校园、小区、公园里处处能感受到春天的气息。借助网络、阅读相关书籍等查找资料。人手一本《昆虫记》（少儿版，出版社不指定）。

成果要求：制作"春天的故事"展板，内容包括动物篇、植物篇、食物篇和游戏篇。完成习作《春天来了》。创编有关昆虫的童话剧。

二、活动背景

（一）教材内容

部编版三年级下册语文教材第一单元中，有三篇主体课文（《古诗三首》《燕子》《荷花》）和一篇自读课文（《昆虫备忘录》）；口语交际（《春天去哪儿玩》）中有古诗、散文，通过写景、抒情带学生感受春的美丽和快乐，让春走进孩子心中，让春风雨露滋润他们的心田，从而感受春天的温暖和快乐。

（二）学生情况

春华秋实，四季更迭，春天是一个万物复苏、生机盎然，充满希望的

季节。学生们享受着暖洋洋的春日、和煦温暖的春风，学习有关春天的课文，背诵有关春天的诗歌，吟唱赞美春天的歌曲，然而他们对春天又有多少了解，是否认真观察、研究过春天。不少生活在大城市里的孩子对"冬去春来"的变化熟视无睹，并没有真正感受过春天的气息。设计此项学科实践活动的目的是帮助学生感受自然界春光的美好，置身于大自然的怀抱，用心去体会、感受春天带给自然万物的变化，春天给万物带来的勃勃生机，同时培养学生的创造能力、协作能力。

无论走到哪里，我们都会发现昆虫的踪影。即使在冬天，我们的周围也常有小昆虫爬行。在植物生长的季节，昆虫就更多了。庭院、农田或森林、空中、地表或水里，到处都有昆虫的身影，但是学生们对昆虫的了解却并不充分。有些胆小的孩子甚至看到虫子就害怕，躲得远远的；有些孩子对昆虫感兴趣，但也只是抓来"玩个新鲜"。本次综合实践活动旨在让学生走进奇妙的昆虫世界，通过阅读《昆虫记》、查找资料、编写童话剧、制作道具、彩排展示等活动，使学生对身边的昆虫世界产生兴趣，探索自然界的奥秘，提高发现和解决问题的能力，体验研究性学习的过程和方法。

三、活动目标

（一）"绿野寻踪——找寻春天的足迹"的学习目标

（1）通过学生亲身参与，获得研究、探索春天的体验，培养学生多渠道获取资料、利用多种手段加工和整理资料的能力。

（2）在活动过程中，使学生进一步掌握观察的方法、收集和应用资料的方法及自我评价的方法。

（3）在活动过程中，使学生逐步形成善于质疑、乐于探究、努力求知的积极态度；培养学生乐于合作的情感和善于合作的技能；感受自然与人类的关系，自觉地热爱和保护我们赖以生存的环境。

（二）"昆虫总动员——走进奇妙的昆虫世界"的学习目标

（1）通过阅读《昆虫记》，收集各种有关昆虫的资料和信息，培养好奇心、爱提问的习惯、乐于探索和尝试的积极情感。

（2）在编写有关昆虫的童话剧的过程中，培养学生的语言表达能力，增强互助、协作的能力。

（3）在表演过程中，通过昆虫外形、生活习性、特点等方面的介绍，培养提高学生的口头表达能力。

四、实施过程

绿野寻踪——找寻春天的足迹

（一）准备阶段

1. 实施目标

（1）学习第 2 单元课文，感受春的快乐、人与人之间的温情。

（2）结合语文天地"初显身手"的内容，明确活动任务。

（3）自由组合，分组制订计划，初步了解计划的重要性。

2. 实施流程

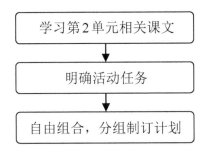

学习第2单元相关课文

↓

明确活动任务

↓

自由组合，分组制订计划

3. 实施建议

（1）学习第 2 单元课文，引领学生感受春的快乐，体会人与人之间春雨般的温情。

（2）明确活动任务：孩子们，美丽的春天已经悄悄来到我们身边，怎样展示这美好的春天呢？请大家看语文书第 22 页，书上建议我们办个展览，怎么办这个展览呢？大家有什么好的建议？

（3）组织学生讨论，梳理学生的意见，着手准备实施。尊重学生的主体地位是教师进行语文教学时必须要考虑的，而且要落实到行动中。学生了解任务后，组织讨论。这一活动的设计便于教师掌握学生对活动的兴趣度、实施能力等，尽最大努力实现学生的自主性，尊重学生的实际水平和能力。

（4）自由组合，分成小组，制订计划。

设计意图：让学生制订计划，是为了让他们对做事之前制订计划有一个初步的了解，在实施过程中有意识地随时调整计划、补充内容。总之，要让学生对计划有初步的认识。制订计划这一环节的设定，教师充分调动学生的自主性，不包办代替，不提过高的要求，这样才有利于挖掘学生的潜力。

（二）实施阶段

1. 实施目标

（1）通过学生亲身参与，获得研究、探索春天的体验，培养学生多渠道获取资料、利用多种手段加工和整理资料的能力。

（2）查找资料、整理资料等，培养学生的活动能力、组织能力、创造能力和良好的品质。

2. 实施流程

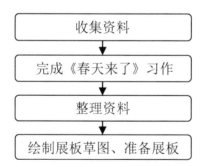

```
┌─────────────────────────┐
│        收集资料          │
└─────────────────────────┘
            │
┌─────────────────────────┐
│   完成《春天来了》习作    │
└─────────────────────────┘
            │
┌─────────────────────────┐
│        整理资料          │
└─────────────────────────┘
            │
┌─────────────────────────┐
│  绘制展板草图、准备展板   │
└─────────────────────────┘
```

3. 实施建议

（1）参观"农业嘉年华"。

（2）在校园、小区、公园……寻找春天的踪迹。

（3）指导学生如何写观察日记。科学课程中正好有养蚕、种植的相关内容，实现学科整合，保证学科知识之间的融合，同时体现鲜明的语文性。

（4）指导学生完成《春天来了》这篇习作，从景物、动物、人们的活动三个方面具体写出春天的变化。学生不仅完成习作，还配上了精美的插图，用文字和图画记录美好的春光。

（5）指导学生整理资料。在组长的带领下，不少学生手中已经有了很多关于春天的资料，如图片、诗歌、日志、动植物相关介绍等。教师要抓住契机，进行整理资料的指导，如筛选资料的方法、分类整理的步骤与方法、如何突出语文的特点、展板配以哪些体现春天特点的装饰等。

（6）有了对整理资料的认识，学生绘制了展板的草图，如有的小组将展板分为不同的板块，以春天的故事命名，分为动物篇、植物篇、食物篇和游戏篇。有了更明确的分工后，他们开始着手绘制展板。有的学生在家独自准备，有的在户外美丽的大自然。学校中厅、教室里都能见到学生整合资料、布置展板的身影。

设计意图：在活动的实施过程中，教师要尊重学生的自主性，充分信任学生，相信他们有能力完成学习活动，放手让他们去做，而不是包办代替，在活动过程中发挥指导作用，主要是针对学生在实施过程中出现的问题或困难进行相应、有效的指导。

（三）展示评价

1. 实施目标

在楼道中布展，观看欣赏，进一步感受春天。评选出最佳展板，从每块展板中汲取优点、长处。小组个性化汇报，以不同形式展示交流。

2. 实施流程

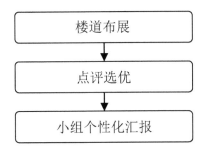

3. 实施建议

（1）在楼道中布展。

（2）点评选优。每块展板均有奖项，起到激励促进的作用。设置有如下奖项：最佳创意奖；题目新颖奖；内容丰富奖；书写美观奖；色彩协调奖；构图新颖奖；布局合理奖。

（3）小组个性化汇报，如 PPT 展示、春天的歌舞表演、活动的收获体会和交流分享等。

设计意图：展示是综合活动的重要环节。在活动中，学生进行了深入的思考、充分的讨论、广泛的检索、实际的操作和相互的切磋。他们的努力、劳动和创造应得到肯定，不但使他们获得成就感，而且增强自信力。展示还有利于学生相互学习，彼此激励和启发，加强团结，促进班集体的建设。展示学生的学习方法、心得、收获，引领学生反思学习过程、总结学习经验，这些又为下一轮的学习实践打下良好的基础。

昆虫总动员——走进奇妙的昆虫世界

（一）准备阶段

1. 实施目标

（1）学习课文《装满昆虫的口袋》，激发学生热爱自然、探索自然奥秘的兴趣。

（2）查找法布尔的资料，初步了解《昆虫记》。

2. 实施流程

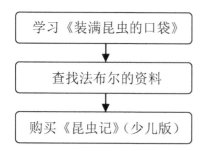

3. 实施建议

（1）学习课文《装满昆虫的口袋》，了解昆虫学家法布尔小时候研究昆虫的两件事，体会法布尔对昆虫的浓厚兴趣，激发学生热爱自然、探索自然奥秘的兴趣。

（2）查找法布尔的资料，了解《昆虫记》的内容及其在自然科学史和文学史上的地位。

（3）购买法布尔《昆虫记》（少儿版），不限出版社。

（二）实施阶段

1. 实施目标

（1）通过阅读《昆虫记》，让学生收集各种有关昆虫的资料和信息，使其萌发好奇、好问、乐于探索和尝试的积极情感。

（2）在编写有关昆虫的童话剧的过程中，提高学生的语言表达能力，增强互助协作的能力。

2. 实施流程

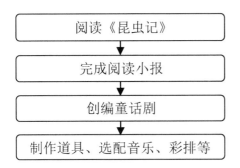

3. 实施建议

（1）阅读《昆虫记》。

（2）从《昆虫记》中选择最感兴趣的一种昆虫进行研读，完成阅读小报，可以从这种昆虫的不同方面进行介绍，如外形特点、习性特点等。

（3）自由组合，编写童话剧，通过创设情境编写一个童话剧剧本。三年级第一学期的深度学习主题是安徒生童话阅读，形式是将安徒生童话改编为剧本并进行表演。有了这样的基础，学生对编写童话剧有兴趣，而且有一定的方法。剧本的要求是将小组内每个成员喜欢的昆虫的特点介绍一下，并扮演自己感兴趣的那种昆虫。

（4）制作道具，结合《昆虫记》中的介绍文字或图片，自己制作头饰、服饰等，将此种昆虫的特点体现出来。

（5）剧情如有需要，可以选配音乐。

（6）排练表演。

（三）展示评价

1. 实施目标

在表演过程中，通过对昆虫外形、生活习性、特点等方面的介绍，培养提高学生的口头表达能力。

2. 实施流程

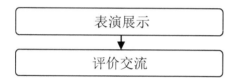

3. 实施建议

（1）表演展示。四年级第一学期的第一个月，可以引导学生进一步完善剧本、加强排练，在月底进行表演展示。

（2）评价交流。

五、评价设计

绿野寻踪——找寻春天的足迹

该活动设有如下奖项：最佳创意奖、题目新颖奖、内容丰富奖、书写美观奖、色彩协调奖、构图新颖奖、布局合理奖。展示评价见表 1，剧本评价见表 2，表演评价见表 3。

表 1　展示评价

标准	☆级
1. 展板内容充实，富有创意	5☆（　　）4☆（　　）3☆（　　）2☆（　　）
2. 展板题目新颖，吸引人	5☆（　　）4☆（　　）3☆（　　）2☆（　　）
3. 展板内容充实丰富	5☆（　　）4☆（　　）3☆（　　）2☆（　　）
4. 展板书写工整美观	5☆（　　）4☆（　　）3☆（　　）2☆（　　）
5. 展板色彩协调，体现春天的气息	5☆（　　）4☆（　　）3☆（　　）2☆（　　）
6. 展板构图合理，富有新意	5☆（　　）4☆（　　）3☆（　　）2☆（　　）
7. 展板布局合理，板块清晰	5☆（　　）4☆（　　）3☆（　　）2☆（　　）

昆虫总动员——走进奇妙的昆虫世界

表 2　剧本评价

项目	要求	分值	得分
格式	正确、规范	2	
故事完整	有一定的故事性，有吸引力	4	
对白设计	能体现昆虫的外形、习性等方面特点	4	

表 3　表演评价

项目	要求	分值	得分
服装、道具	符合剧情，体现昆虫的特点	1	
仪态	落落大方、自然，手势与内容相符	1	
故事表达	故事表演完整，语言流畅清晰，不笑场	4	
语音、语调、情感	符合故事发展及昆虫的特点，感情基调与故事内容相符，感情流露自然得体	3	
效果	有感染力，观众反应好	1	

"丝绸之路"之学生讲坛

活动负责人：刘莹
活动研发成员：贺欣、周燕、张冬梅、刘新玲、张建刚
活动设计执笔人：刘莹

一、活动名片

适合年级：四年级。

资源载体：图书馆、语文教材、网络。

成果要求：教师完成学案设计、持续性评价设计、活动反思、活动手册。学生完成任务分工单；利用图书馆、网络查找资料，完成笔记；撰写宣讲稿及制作 PPT（视频）；宣讲录制视频。

二、活动背景

2015 年，北京市教委修订了《义务教育课程计划》，其中有一个重要的规定就是 1～8 年级各学科平均应有不低于 10% 的学时用于开设实践活动课程。同时，《课程计划》还指出，学科实践活动课程的开发和实施要避免用学科教学内容简单替代，要突出实践性、探究性，尽量依托参观、调研、制作、实验等形式，要逐步形成学科内综合及跨学科多主题、多层次（知识类、体验类、动手类、探究类等）的系列课程。

2013 年 9 月和 10 月，中国国家主席习近平在出访中亚和东南亚国家期

间，先后提出共建"丝绸之路经济带"和"21世纪海上丝绸之路"的倡议，得到国际社会高度关注和有关国家的积极响应。在这样的大背景下，如何让学生了解中国发展，跟紧时代的脉动，确定了让学生了解古丝路并进行宣讲的活动。不过"丝绸之路"对于学生来说比较陌生，教师可以通过《丝绸之路》这篇小故事引入，让学生了解到中国丝绸在世界的知名度，激发学生学习的兴趣和民族自豪感。通过老师讲故事，学生还可以初步了解到古丝路的路线和张骞这个历史人物，但对丝绸之路开辟的意义、路线、沿途物产和主要城市等知识仍会比较陌生。这可以激起学生进一步拓展课外学习的欲望。同时，根据学生在美术、信息等学科的学习经验，此活动还可引导学生根据所讲的内容进行简单的海报设计与绘制，以及PPT的制作。

创设"丝绸之路"项目，以开放的、多元的、探究的历史背景激发了学生的学习兴趣，在探究中通过合作完成对应用文文本的语文学习实践。在本项目中，学生需要完成一整套智力动作（定位—选择—整合—呈现），调动已有的多学科（语文、美术、地理、信息等）学习经验，进行经验知识的统整，对经验知识进行有效重构。

三、活动目标

（1）通过学习课文、收集和整理资料，从文化、物产、城市发展等多个维度了解丝绸之路开辟的意义。

（2）在主题汇报过程中发展思维，培养搜集整理信息能力、小组合作能力、语言的建构与运用能力。

（3）在多个主题立体式互动交流过程中，增加学生对丝绸之路的了解，培养学生对祖国悠久历史文化的鉴赏能力，激发学生的爱国主义情怀，为学生成年后传承祖国文化启蒙。

四、实施过程

（一）内容框架

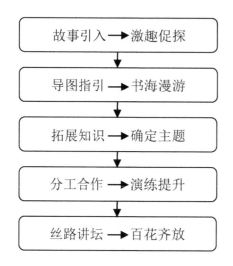

故事引入 → 激趣促探

导图指引 → 书海漫游

拓展知识 → 确定主题

分工合作 → 演练提升

丝路讲坛 → 百花齐放

（二）整体规划

本次语文综合实践活动需七课时完成。

第一、二课时：教师讲故事《丝绸之路》，看新闻了解"一带一路"的概念，激发学生了解古丝路由来的兴趣，知道贯通亚欧大陆的古代"丝绸之路"是历史上的一条交通要道，这条道路是两千多年前西汉外交家、探险家张骞开辟的，他出使西域，打通通往西域道路的过程是极其艰难的，从而激发学生进一步探究的兴趣。

第三课时：以小组为单位，利用泡泡图画出小组成员要分别搜集的资料、图书的范围，课后到图书馆或书店进一步学习。

第四、五课时：组内交流搜集的资料，拓展有关"丝绸之路"的知识，确定学生讲坛主题。

第六课时：确定分工，各组准备，演练提升。

第七课时：丝路讲坛。

（三）实施过程

阶段 1：故事引入，激趣促探。

1. 师生准备

看有关"一带一路"新闻，提出问题。

2. 实施流程

听故事、看新闻 ⟶ 质疑 ⟶ 记录疑问以备讨论

3. 具体操作

（1）听故事《丝绸之路》，知道贯通亚欧大陆的古代"丝绸之路"是历史上的一条交通要道，这条道路是由两千多年前西汉外交家、探险家张骞开辟的，他出使西域，打通通往西域道路的过程是极其艰难的。

（2）师：同学们，故事只是比较简略地介绍了张骞打通通往西域道路的过程，这中间一定有许多疑问你们还没有解开，同时文中提到的一些国家、地区、民族你们也想多了解一些吧！现在，就把这些疑问提出来吧。

学生质疑，组长记录组员提出的疑问。

师：大家发现了这么多疑问与困惑，怎么解开它们呢？对，就是课下查找资料，阅读相关的书籍。

阶段 2：导图指引，书海漫游。

1. 师生准备

无。

2. 实施流程

分组讨论 导图分工 ⟶ 收集资料 ⟶ 整理资料以备发言

3. 具体操作

环节一：以小组为单位，利用泡泡图画出小组成员要分别收集的资料、图书的范围。

（1）回顾并列出讨论上节课提出的疑问和困惑点。

（2）组长带领组员梳理问题，利用思维图进行归类。

（3）进行分工，利用两周时间查找相关资料。

环节二：

（1）学生在家长的带领下（可以组成临时小组），到书店或图书馆查找相关资料。

（2）将收集到的资料整理成条理清晰的一段或几段文字，以备发言。

阶段 3：拓展知识，确定主题。

1. 师生准备

带齐整理好的资料，做好发言准备。

2. 实施流程

交流资料 ➡️ 讨论确定班级讲坛主题

3. 具体操作

环节一：组内交流收集的资料，拓展有关"丝绸之路"的知识。

经过两周的时间，同学们一定对自己查找的"丝绸之路"相关知识有了一定的了解。我们在组内先交流一下搜集的资料，请按顺序交流，其他组员认真倾听。

环节二：讨论确定学生讲坛主题。

（1）听小组成员的介绍，同学们可能又产生新的感兴趣的内容或疑问。如果只确定一个话题作为我们"丝绸之路——学生讲坛"的主题，你们希望讲哪个方面的内容。

小组再次讨论，之后代表发言，陈述主题，阐明理由。

（2）集体讨论，确定班级活动主题。

阶段 4：分工合作，演练提升。

1. 师生准备

无。

2. 实施流程

特长分组 ➡️ 分组准备 ➡️ 彩排预演

3. 具体操作

环节一：前面我们确定了班级"丝绸之路讲坛"的主题，下面就要着手进行准备。全班同学将分成如下五个小组：资料收集组、核心撰稿组、讲坛宣讲组、海报宣传组、技术支持组。学生认真阅读招募说明，可根据个人特长报名不同小组。"丝绸之路——学生讲坛"招募工作人员见表1。

表1 "丝绸之路——学生讲坛"招募工作人员

小组名称	工作内容说明	人员要求
资料收集组	根据确定的主题，再次有针对性地阅读有关书籍和资料文献，经过讨论，整理删减、汇集成册，以备核心撰稿组撰写讲坛文稿	1. 能较熟练地利用搜索引擎搜索资料 2. 在工作人员的指导下可以在图书馆寻找和借阅与主题内容紧密相关的书籍 3. 有一定的整理资料的能力
核心撰稿组	根据资料组汇集的资料整体布局，撰写宣讲稿件	1. 知识较广泛，有一定的阅读积累和能力 2. 有一定的习作能力 3. 能与他人合作，善于思考，有独到见解者优先
讲坛宣讲组	根据文稿做本班"丝绸之路"主题宣讲	1. 口齿清晰，有一定的表达能力 2. 善于合作，不计较得失 3. 有一定表演基础者优先
海报宣传组	根据文稿内容绘制宣传海报	1. 有一定绘画功底 2. 有创新意识者优先
技术支持组	根据文稿制作相匹配的 PPT 或短视频	1. 有一定的制作 PPT 能力 2. 善于合作，能虚心听取他人意见

环节二：根据分工在规定时间内分头准备，充分发挥学生的能动性，教师、家长做好辅导与协助。

环节三：宣讲组演练彩排，其他同学作为观众认真倾听，提出改进意见。撰稿组、技术组及时跟进，修改文稿与 PPT，配合宣讲组完善汇报。

阶段 5：丝路讲坛，百花齐放。

1. 师生准备

讲坛道具、服装、宣讲稿、PPT、视频等。

2. 实施流程

持票入场 ➡ 讲坛开始 ➡ 撰写评价

3. 具体操作

环节一：

师：今天是我们确定的"丝绸之路"日，我们四年级所有班级都将分别围绕一个主题宣讲有关丝绸之路的故事。一会儿，老师将随机派发入场券，请同学们手持入场券和笔记本，有秩序地进入相应班级。

在这里，我们有必要重温一下倾听的礼仪与方法。

学生有秩序入场完毕。

环节二：各班就不同主题开始宣讲环节。

环节三：听完宣讲后，学生在表格中填写观后感受（见表 2）和评价表（见表 3）。

表 2　学生观后感受

主题	
宣讲内容（简要记叙）	
收获及感想	

表3 学生评价

主题		
内容	与主题契合，内容丰富，吸引听众	☆ ☆ ☆ ☆
宣讲学生	表达清楚	☆ ☆ ☆ ☆
	观点明确	☆ ☆ ☆ ☆
	条理清晰	☆ ☆ ☆ ☆
	准备充分	☆ ☆ ☆ ☆
技术支持	与宣讲内容匹配，图文并茂，富有吸引力	☆ ☆ ☆ ☆
海报宣传	主题鲜明，构图合理，起到了宣传效果	☆ ☆ ☆ ☆

五、评价设计

学生评价设计见表4。

表4 学生评价

序号	评价目标	评价内容	评价方式
1	诊断学生能否理解课文内容，并提出有价值的问题	<table><tr><td>内容</td><td>一条路</td><td>一个人</td><td>一段历史</td></tr><tr><td>理解</td><td></td><td></td><td></td></tr><tr><td>质疑</td><td></td><td></td><td></td></tr></table>	组内通过交流，就一条路、一个人、一段历史，谈理解并提出问题、做出评价
2	诊断学生能否提取有价值的要素，并能在要素之间建立联系，得出有意义的结论，并用准确、有条理的语言进行表述	<table><tr><td colspan="4">汇总问题</td></tr><tr><td colspan="4">利用思维图明确个人需搜集资料的范围</td></tr><tr><td rowspan="2">评价</td><td>表述清楚</td><td>语言精当</td><td>观点明确</td></tr><tr><td>☆ ☆ ☆</td><td>☆ ☆ ☆</td><td>☆ ☆ ☆</td></tr></table>	小组团队依据标准自检，之后教师重点就思维方式是否能融合运用进行评价

续表

序号	评价目标	评价内容						评价方式
3	诊断学生能否按既定的小组合作机制完成相应的学习任务	观察记录	学生表现			符合程度		就小组合作中的参与、组织、倾听、发言的活动表现进行评价
						完全符合	基本符合	不符合	
			学生参与的态度	能明确接受任务				
				所有的学生都积极地参与小组活动				
				任务被平均分配给小组的每一个成员				
			学生参与的广度	积极思考，深入探究				
				合作学习中，与同学有效合作，照顾其他同学的学习需要				
				学生的互动为目标达成提供了帮助				
				参与课堂讨论时间适度				
			学生参与的深度	小组合作成果达成预定目标				
				应用已经掌握的知识与技能解决新问题				
				小组讨论中有一致的意见或新的意见				
				自觉从教师推荐的资源中自主选择、重组信息、"发现"规律				
				对老师和同学提出的观点大胆质疑，形成自己的见解，并有效表达自己的观点				
				反思自己的学习行为，调整学习策略				
				小组成员显示出了极好的倾听能力和领导能力				
				小组成员通过讨论的方式共享他人的观点和想法				
		备注	如课堂亮点、建议等					

72

续表

序号	评价目标	评价内容				评价方式
4	诊断能否积极有效地投入讲坛准备		自评	组评	师评	学生、教师就任务准备进行评价
		团队合作	☆ ☆ ☆	☆ ☆ ☆	☆ ☆ ☆	
		态度积极	☆ ☆ ☆	☆ ☆ ☆	☆ ☆ ☆	
		任务明确	☆ ☆ ☆	☆ ☆ ☆	☆ ☆ ☆	
		资料得当	☆ ☆ ☆	☆ ☆ ☆	☆ ☆ ☆	
5	用论坛形式诊断活动效果达成	评价	自评	同伴评价	观众评价	在实际活动中进行设计的合理性评价
		表达清楚	☆ ☆ ☆	☆ ☆ ☆	☆ ☆ ☆	
		观点明确	☆ ☆ ☆	☆ ☆ ☆	☆ ☆ ☆	
		条理清晰	☆ ☆ ☆	☆ ☆ ☆	☆ ☆ ☆	
		准备充分	☆ ☆ ☆	☆ ☆ ☆	☆ ☆ ☆	

附录（教案、工具等）四年级五班、六班宣讲稿

天马榴花自西来
剧本《舌尖上的秦国》

导演：王一茗　**编剧**：佟一诺、杨雨荻、李祖豫

演员：王翊鸣、陈子沐　**特效**：赵艺霏

A：穿越的人（王翊鸣 饰）

B：店小二（陈子沐 饰）（蓝字为独白）

字幕：某人穿越到先秦。

A：（皱眉）这是哪里？（揉揉肚子）不管了，先填饱肚子再说。（四处张望）（切换场地）

B：（嘟囔）这是什么人，穿得这么奇怪？（挤出一点笑容）"里边请，请

73

问客官是打尖儿还是住店？"

A：（嚷嚷）"我吃西红柿鸡蛋面！"

B：（赔礼）"那抱歉，这位客官，面条可是要到宋朝款式才能定形呢，小店现在还没有，而且西红柿是美洲货，明朝才传入中土。小店目前只有鸡蛋，要不您点一个？"

A：（皱眉）"这是什么黑店，连碗面也没有。没有面，馒头、包子总有吧？上一屉。"

B：（胆怯）"这位爷，也没有，这得等到蜀汉诸葛丞相伐孟获后才有，抱歉了您呢……"

A：（瞪眼）"什么！那你们不会只供应白米饭吧！"

B：（慌）"抱……抱歉，咱这是关中，水稻啊，得过了长江才能种，咱这也没有……"

A：（抱怨）"什么店！（生气）那来个大侠套餐吧，二两女儿红、半斤熟牛肉……你捂我嘴干吗？"

B：（恐慌）这人在秦国，怎么没有一点儿法律意识呢？（细声细气、害怕）"客官，轻点声！私……私宰耕牛那可是大罪，被人告了可就是充军流放的罪过，万……万万不敢啊！"

A：（急躁）"得了，酒我也不喝了，茶水总有吧？"

B：（松了口气）"茶？那玩意儿得汉朝才有，即使到唐朝也是士大夫才能喝的，咱这儿也没有……"

A：（受不了）连茶水也没有，古装剧难道全是假的？"那就不吃饭了，上点水果吧。大热天的，切半个西瓜。"

B：（无语）"呃……西瓜是非洲特产，到南宋汉人才有种植。"

A：（不耐烦）"好好好，没有西瓜，苹果总有吧？"

B："真抱歉，苹果十九世纪才从欧洲传入我国。客官，您别点水果了，我可以负责任地告诉您，像什么葡萄啦，杧果啦，石榴啦，草莓啦，菠萝啦……您现在都吃不到。"

A：（愤怒）"你家店里到底有什么能吃的？"

B：（自豪）"粟米的窝窝饼，可以蘸肉酱、烫白菜。"这么多好吃的，这位客官肯定很满足。

A：（疑惑）"那你这开的是麻辣烫店啊！"

B：（笑）"瞧您说的，辣椒到明代才引进呢，小店只有花椒，只麻不辣。"

A：（大喊、怒吼）"那就不能炒个青菜，非用开水烫？"

B：（害怕、细声细气）"那……那个……铁锅得到宋朝后期才能生产，所以没法炒菜，那个菜油呢，得到明朝后期普遍种植油菜花了小店才供应得上。"

A：（眼里冒火）"……"

B：（紧盯着A）真奇怪，这人还是第一个不喜欢这里小吃的人，一定得把他留住了。"客……客官，您还要什么？"

A：（紧攥拳头、往外走）"……"

B：（哭丧着脸）"客官，您别走啊！"

同学们，秦朝小二就算使出浑身解数也留不住馋嘴的现代人。不过，咱们这位也是个性急的客官，饿着肚子又穿回来了，其实再耐心地等上个（做掐指一算的动作）八九十年，就可以享口福了，因为一位重量级的人物登场了！他即将开辟一条连接欧亚文明的"丝绸之路"。

西汉建元三年（公元前138年），武帝刘彻欲联合大月氏（ròu zhī 或 yuè zhī）共击匈奴，张骞应募任使者，踏上了一段极为艰险的外交之旅。（可插入张骞出使图）张骞回朝向汉武帝汇报时说："大宛国在匈奴的西南，在汉的正西，距离汉大约万里。那里主要的作物是稻、麦，还出产葡萄酒。那里好马很多，奔跑起来如腾云驾雾，其汗如血，是天马之子……"（可插汗血马图片和苜蓿图片，注意先后显示）在与匈奴作战中，汉军由于所骑中原马匹矮小、脚力不足，非常吃亏。因此，当张骞通西域后，汉武帝就决心下大力气引进那里的优良马种。在养马的过程中，汉朝人发现西域马好，但要以苜蓿为饲料。中原没有这种作物，于是广泛引种。以苜蓿为先导，西域瓜果、蔬菜等也被大批引入中国。这些特殊的使者不仅让当时的汉人大开眼界，它们还扎根华夏，完全融入中土，滋养着代代中华子孙。

同学们，现在要看看你们是否是火眼金睛。这里有一些展品，你们能认出哪些是踏着丝绸之路来到我国的贵宾吗？（苹果、梨、葡萄、石榴、胡萝卜、白菜、冬瓜、萝卜、葱、蒜，可实物可图片。）

同学们猜得对不对呢？我们马上就来揭开这些贵宾的神秘面纱。第一位使者是石榴。

石榴

穿越的现代人在秦朝没有吃到石榴，因为它是汉代才被引进到中国的。

大家喜欢吃石榴吗？剥开石榴，里面是很多很多晶莹剔透的籽，有的是白色的，有的是红色的，抓一把籽放进嘴里嚼一嚼，马上就有很多果汁流出来，味道酸酸甜甜的，特别好吃。（插石榴图片）

石榴的原产地是古代波斯，也就是现在的伊朗、阿富汗、格鲁吉亚等地区。张骞就是从中亚的乌兹别克斯坦带回的石榴。这在《博物志》里有记载："汉张骞使西域，得涂林安石国榴种以归。"安石国就是现在的乌兹别克斯坦。

波斯人称石榴树是"太阳的圣树"，认为它是多子丰饶的象征。中国传统文化也把石榴视为吉祥物，认为它代表多子多福；又因为"榴"与"六"谐音，也说"榴榴（六六）大顺"。（配石榴树、传统石榴画图片）

榴花似火，农历的五月，是石榴花开得最艳的季节，五月因此又被称为"榴月"。石榴花最多的颜色是火红色。中国人向来喜欢红色，认为红色象征着繁荣、美好、红红火火的日子，所以很多中国人都喜欢在自家庭院里种石榴，以祈求生活如石榴花般红红火火。（配石榴花图片）

还有人说石榴花像舞女的裙子。古代妇女喜欢穿石榴红色的裙子，而当时染红裙的颜料也主要是从石榴花中提取而成，因此人们也将红裙称为"石榴裙"。久而久之，"石榴裙"就成了古代年轻女子的代称，人们形容男子被女人的美丽征服，就称其"拜倒在石榴裙下"。（配石榴花、红裙图片）

"石榴酒，葡萄浆，兰桂芳，茉萸香。"这样的歌声回荡在流光溢彩的丝绸之路上……伴随着动人的歌声，第二位使者隆重登场，它就是——葡萄。

葡萄

说起葡萄，这可是一位"老先生"。因为它在地球上的历史可以追溯到7000年前。人工栽培葡萄最古老的是波斯、地中海沿岸的埃及和叙利亚地区。考古发现，约3000年以前的周朝，我国也出现了野葡萄，但果实小而酸涩，与我们今天吃的葡萄差异较大。目前，我国栽培的葡萄就是张骞从西域引进

的品种。（葡萄藤和葡萄图片）

葡萄本名叫蒲陶或蒲桃，原是大宛的特产。据《史记·大宛列传》记载，张骞奉汉武帝之命出使西域，就看到"宛左右以蒲陶为酒，富人藏酒至万余石，久者数十岁不败……"张骞出使西域，不仅将中国的丝绸带入他国，使中国的丝绸成为他国贵族的身份象征，而且将西域的葡萄栽培及葡萄酒酿造技术引进中原，极大地促进了中原地区葡萄栽培和葡萄酒酿造技术的发展。从此以后，西方的葡萄酒文化也随之在华夏大地上广泛传播。因此，史上有"葡萄自西域而来"之说。（葡萄酒图片）

东汉时期，葡萄酒仍然十分珍贵。据《太平御览》（卷972）中引《续汉书》云：扶风孟佗（字伯良）以葡萄酒一斗遗（wèi）张让，即以为凉州刺史。其中，孟佗是东汉时扶风的富商，他以葡萄酒贿赂当时有势力的宦官张让，张让很高兴，就提拔孟佗当凉州刺史。这足以说明葡萄酒在当时显贵心中的地位。后苏轼对此事感慨道："将军百战竟不侯，伯良一斛得凉州。"

葡萄甘甜多汁，葡萄酒更是迷人佳酿。历史上留下了不少吟诵这神奇琼浆的诗篇，其中唐代边塞诗人王翰的《凉州词》最为出名。

凉州词二首

（唐）王翰

葡萄美酒夜光杯，欲饮琵琶马上催。

醉卧沙场君莫笑，古来征战几人回？

（PPT 显示）

黄瓜

说了一些水果，我们再来看看蔬菜。这条丝路上的第三位使者是黄瓜。（图片）黄瓜原产于印度热带潮湿的森林地区，距离现在已经有4000年的种植历史了，自汉朝已在我国安家落户2000多年，成为家喻户晓的瓜类作物。

黄瓜刚传入时，原来的名字叫胡瓜。当时，汉族人把少数民族一概称为胡人，把胡人传入的食品、物件也都加上"胡"字，"胡"字在当时带有一种鄙视的意思。传说五胡十六国时后赵皇帝石勒（出于匈奴别部）忌讳"胡"

字，要求说话和写文章都不能出现"胡"字。有一天，石勒召见地方官员，看到郡守樊坦穿着打了补丁的破衣服来见自己，很不满意。他劈头就问："樊坦，你为何衣冠不整就来朝见？"樊坦慌乱之中随口答道："这都怪胡人没道义，把衣物都抢掠去了，害得我只好褴褛来朝。"他刚说完，就意识到自己犯了禁，急忙叩头请罪。石勒见他知罪，就没有惩罚他，但是在大家一起吃饭时故意指着一盘胡瓜问他叫什么，樊坦知道这是在考验自己，便恭恭敬敬地回答："紫案佳肴，银杯绿茶，金樽甘露，玉盘黄瓜。"石勒听了很满意。从此，黄瓜的叫法就传开了。这只是一个传说，确切的记载是由隋炀帝所改。隋炀帝有一半的胡人血统，但是他本人却十分崇尚华夏蔑视胡夷。据唐代吴兢的《贞观政要》第6卷《慎所好》记载："隋炀帝性好猜防，专信邪道，大忌胡人，乃至谓胡床为交床，胡瓜为黄瓜，筑长城以避胡。"

古代文人诗词中也有写黄瓜的，如章怀太子的《黄台瓜词》中有"种瓜黄台下，瓜熟子离离。一摘使瓜好，再摘令瓜稀。三摘犹良可，四摘抱蔓归"。明朝诗人吴伟业也曾写下"弱藤牵碧蒂，曲项恋黄花"的诗句描写黄瓜。

今天，黄瓜已是我们餐桌上的常客。它清脆香甜，富有营养，不但可以当菜肴，还可以入药，深受人们喜爱，成为一种十分普遍的蔬菜。

芝麻

丝绸之路给我们带来的作物还远不止前面所提到的葡萄、石榴等，还有我们很熟悉的芝麻。（芝麻图片）它也是张骞从大宛（今天的中亚细亚）引进的。

北魏贾思勰的《齐民要术》中记载："张骞外国得胡麻。"宋朝沈括的《梦溪笔谈》中说："汉使张骞始自大宛得油麻种来，故名胡麻。"

芝麻，又名脂麻、油麻、胡麻、乌麻等，食用部分为种籽。芝麻用途广泛，除了用于榨油和食品，也可做香料、医药和化工原料。

自古以来，我国有许多用芝麻和芝麻油制作的各色食品和美味佳肴。（插入芝麻制品的图片）芝麻可用作烹饪原料，如做糕点的馅料，点心、烧饼的面料，亦可作菜肴辅料。芝麻被称为"八谷之冠"，其种籽富含脂肪、蛋白质。芝麻还是一种油料作物，用其榨取的油称为麻油、香油，特点是气味醇香。

在现代，随着人们生活水平的提高及对其营养价值的逐渐认识，芝麻及其制品越来越受到人们的青睐，品种也越来越优化。现在，我国芝麻的主产区为河南、湖南、湖北、安徽、东北、山东等地区。

胡萝卜

闻名遐迩的丝绸之路使中原人民和西域的贸易往来日益频繁。下面我们就来看看第五位使者——随张骞远赴汉土中原、落地生根的胡萝卜。（图片）

胡萝卜被张骞带回后，人们都不知道它的真实名称，看外形好似我们的萝卜，只是体型小巧，因为是自"胡地"而来，所以定名为"胡萝卜"。当然，除了这个名字，它还叫黄萝卜、红萝卜、丁香萝卜、葫芦菔等。

传说，张骞从西域带回胡萝卜种子，开始在长安（今陕西西安）栽种，后来逐渐推广至南北各地。时至今日，胡萝卜已经成为家喻户晓的蔬菜了。

同学们，像这样的使者还有很多，如核桃、大蒜、蚕豆和香菜等。（插入图片，后面可根据时间详细介绍或者简略带过。）

核桃

核桃，原产于近东地区。（近东通常指地中海东部沿岸地区，包括非洲东北部和亚洲西南部，有时还包括巴尔干半岛。）核桃，在中古文献里一般被称作"胡桃"，又或作"羌桃"，即从胡羌地区传入的一种"桃"。实际上，这种果子与通常所说的桃毫无亲缘关系。在《西京杂记》中记载汉上林苑中有"胡桃"，出自西域。

蚕豆

蚕豆，又称胡豆、罗汉豆、南豆，属一年生草本，原产欧洲地中海沿岸、亚洲西南部至北非，也于西汉被引入中原。蚕豆营养价值丰富，含 8 种人体必需氨基酸，碳水化合物含量 47%～60%，可食用，也可作饲料、绿肥和蜜源植物种植。

大蒜

大蒜传入中国已有近 2000 年的历史。据《古今注》和《农政全书》考证，古代种植的蒜最初叫卵蒜。张骞第二次出使西域时引进一种"胡蒜"，其形态比我国原栽培的卵蒜头大，所以称为大蒜，卵蒜也就相应地被称为小蒜。

香菜

香菜是一种重要的食用蔬菜，也名芫荽，最早叫胡荽，原产地为地中海沿岸及中亚地区。据《博物志》中记载说："张骞使西域还，得大蒜……胡荽种子归，故名胡荽。"

同学们，今天我们介绍了很多在汉代通过丝绸之路引进的植物。

漫漫丝绸之路上，伴着悦耳的歌声、目眩的胡旋舞，马背驼峰不仅运走了丝绸、瓷器，也带回了西域的特色瓜果蔬菜。

在输入这些植物品种时，汉王朝采取了十分积极主动的态度，充分反映了其谦虚和开放的气度。这些植物新品种的输入不但丰富了汉代的经济生活，而且直到现在仍然产生着影响。它们落地生根，融入大众的生活。

今天，我们从一个独特的视角了解了张骞开辟"丝绸之路"的伟大功绩，所以当我们享用这些美味时，也请不要忘记那个在刀光剑影中、无尽黄沙里坚韧的背影……

谢谢大家！

撰稿人：王殊恒、沈娅彤、周天梓、牛紫芸、苗为鹏、于悦

China，china，你是哪一个

第一部分：剧本

旁白 23：1998 年，德国打捞公司在印度勿里洞海域发现了一艘满载货物的沉船。船上的货物成了它的身份证，使后人得以知道，这是一艘唐代的商船，它装满了中国货物开往当时的大食，也就是当时的阿拉伯帝国境内。船上 98%的货物是瓷器，共有 67000 件。这也印证了当时的海上丝绸之路主要运送的商品是瓷器。

潜水员 21："听说最近有一艘船沉没了，咱们去看看沉船里有什么宝藏吧。"
潜水员 32："好呀，好呀！"
场景：沉船附近。

小鱼 30："他们是什么人呢？""可能有危险，三十六计'游'为上。"

潜水员 32（潜到沉船内）："这里面好黑啊！"

潜水员 21："咱们打开照明灯吧！"

潜水员 32："啊！那里有骷髅，好可怕呀！"

潜水员 21："看，那里有宝箱，是空的。"

潜水员 32："咦，旁边的沙子怎么鼓起来了，咱们看看底下有什么东西吧。"

潜水员 21："这是什么东西呀？"

潜水员 32："摸着这么光滑，做工这么细致，应该是中国瓷器吧。"

潜水员 21："咱们把它带回博物馆吧。"

第二部分：授课

主讲人 8：看过剧本后，同学们应该知道，瓷器摸上去很光滑，做工很精致，那么我们来欣赏几张陶瓷的图片吧。（PPT）

今天，我要为大家讲陶瓷的特点。我们先来了解一下瓷器的产区吧！陶瓷的主要产区为彭城镇、景德镇、佛山、唐山等地。此外，景德镇是我国的"瓷都"。

说到陶瓷材料，难免将陶与瓷分开来谈，我们经常说的陶瓷，是指陶器和瓷器两个种类的合称。在创作领域中，陶与瓷都是陶瓷艺术不可缺少的部分。

陶器分为五种，为釉下五彩。今天，我就为大家讲解这五种陶器的特点。

青花（PPT 放青花瓷图片）

青花是瓷器釉彩名，白底蓝花瓷器的专称。典型青花瓷系用钴料在素坯上描绘纹饰，然后施透明釉，在高温中一次烧成。蓝花在釉下，因此属釉下彩。青花瓷的特点是明快、清新、雅致、大方，装饰性强，永不褪色，深受国内外人士喜爱。青花瓷普遍的是白底蓝花瓷器，发展至后来有了蓝底白花瓷器。

斗彩（PPT 放斗彩图片）

斗彩是一个以釉下青花、釉里红和釉上多种彩结合而成的品种，创烧于明成化时期，是釉下彩与釉上彩相结合的一个装饰品种。

釉里红（PPT放釉里红图片）

釉里红，又名釉下红，起源于宋代均窑的紫红斑釉。它可单独装饰，也可把青、红色料结合使用，呈色稳定敦厚。中国传统习惯上，常常以红色代表吉祥与富贵，而且釉里红的呈色稳重、敦厚，既壮丽又朴实，这都是它深受人们喜爱乐用的原因。

粉彩（PPT放粉彩图片）

粉彩也叫古彩，是釉上彩的一个品种。所谓釉上彩，就是在烧好的素器釉面上进行彩绘，再入烤花炉经600～900℃温度烘烤而成。我国传统的釉上彩到了清代康熙五十二年（1713年），官窑匠师在珐琅彩的启发和影响下引进了铜胎珐琅不透明的白色彩料，在工艺上又借鉴了珐琅彩的多色阶的配制技法，创造出了"粉彩"这一新品种。

综合彩（PPT放综合彩图片）

综合彩是多种技法相结合的一种新的装饰形式。它是根据作品的要求，采用不同原料、不同表现方法和不同烧炼工艺而达到整体设计效果，使瓷器装饰更为完美。综合彩的作品可尽量发挥各种技法的特点和工艺操作的优势，以充分达到创作意图。因此，它是一种比较理想的装饰方法。其特点是变化灵活，丰富多彩，各种装饰形式相互衬托、互为补充、争奇斗艳，丰富了陶瓷的艺术语言。

玲珑瓷（PPT放玲珑瓷图片）

青花玲珑瓷是在明朝宣德年间镂空工艺的基础上创造和发展起来的，已有五百多年的历史。它融青花技术之长，集镂雕艺术之妙，玲珑别透，精巧细腻，具有清新明快之感。在清代，瓷工把青花和玲珑巧妙地结合于一体，形成了人人喜爱的青花玲珑瓷。碧绿透明的玲珑和色呈翠兰的青花互为衬托、相映生辉，给人以一种特殊的美感。

第三部分：授课

主讲人32：请同学们看几张图片（国外的粗糙器皿），回答问题并判断是否是陶瓷。

这就是国外16世纪或17世纪时期用的一些器皿，与中国的瓷器有很大的差别吧。

主讲人 21：在海上丝绸之路的终点埃及和阿拉伯，单件瓷器的价格就相当于几个奴隶的价格。

主讲人 32：那时候，欧洲贵妇谈论的话题多为中国陶瓷，贵族家族也以摆放瓷器来炫耀地位。早期的中国瓷器，在阿拉伯帝国、欧洲宫廷，其价值远远高于黄金。一个贵族可以有一个金碗，但不一定能有一个精美的瓷器。欧洲宫廷充满中国元素。

主讲人 21："中国热"一直伸展到英国女王的宫廷。18 世纪初，英国作家丹尼尔·笛福形容说："女王本人爱好穿中国服装出现。我们的屋里充满了中国的元素。"

中国元素在当时欧洲成为品位和地位的代名词。宫廷里面挂着中国图案的装饰布，中国瓷器被视为珍玩，只有在西班牙和法国等宫廷里才能见到较多的瓷器。王宫里的贵妇纷纷摇起了中国式的扇子，巴黎街头出现了中国轿子。

贵妇们见面聊的都是中国制造，裙底下露出中国丝绸面料的高跟鞋，鞋面上是最应季的中国风格图案。

主讲人 32：1670 年，法国国王路易十四突发奇想，在凡尔赛建了一座"中国宫"。中国宫的全部装修是令人目眩缭乱的"中国风格"，可谓集山寨中国产品之大全。宫内的檐口楣柱、墙角四边屋顶都贴着艳丽的瓷砖，室内模仿中国的青花瓷器是白底加蓝色的图案，到处都摆上了中国的瓷花瓶、绸帐与金流苏。

主讲人 21：明万历晚期，西方陶瓷业开始仿制中国山水园林纹饰。这一时期，西方人对中国园林和山水画面所传达的自然观也有一些了解，由追逐和仰慕转向模仿。

明崇祯时期，瓷器上中国历史人物故事的画面比较多，西方瓷器中也有许多模仿的纹饰。大约制作于 1640—1650 年的荷兰代尔夫特大盘即仿崇祯人物山水纹饰，从画面用笔和地面上表示花草、石子的小三角点的画法能看出鲜明的崇祯风格。在这一阶段，西方各地的瓷器纷纷仿制中国瓷器纹饰，无论山水、花鸟还是人物、动物都是如此。

1683—1722 年，中国民窑纹饰中出现了大量生动活泼的山水风景建筑纹样。这些纹样不仅用于外销瓷，也被大量用于中国百姓生活中使用的瓷器。这些生动活泼的纹样几乎在数年内就被西方瓷器仿效并投入生产。康熙五彩瓷具有很高的艺术水平，西方各瓷厂纷纷加以仿效，如产于荷兰代尔夫特的18 世纪早期的大罐，从中可以看出其模仿康熙五彩瓷已经达到了很高的水平。麒麟与凤凰是中国文化里的吉祥动物，康熙五彩瓷中完全采用中国传统绘画手法的山水画比较多，这一类画面西方仿制有一定的难度，所以仿制较少。

主讲人 32：清康熙晚期，外销瓷流行了一段时间的伊万里风格。对此，西方造瓷业也进行了相同手法的仿制。在这些瓷器中，大丽菊和鸟比较图案化，其中大丽菊的造型在中国外销伊万里风格瓷中经常出现，而这种图案化小鸟的画法在中国瓷器中较为少见。

清雍正早期，五彩和粉彩并行约有 10 年时间。康熙晚期和雍正早期的五彩山水纹饰，绝大部分采取中国传统的绘画手法。雍正中期以后，出现了类似西湖风景的山水画面。这些完全中国绘画技法的瓷器纹样，西方人特别喜欢，但他们难以模仿，所以这类瓷器被大量进口到欧洲，并且在许多定制的瓷器上选用了这些纹饰。

18 世纪早期，西方仿制中国瓷器有的几乎是毫无选择，照搬过来，如这个生产于 1710 年的荷兰青花瓷仿制康熙时期海屋添筹的纹饰，画面的福、禄、寿三星及许多象征性的纹样是完全中国特色的，在这件瓷器上丝毫没有看见改变的痕迹。但几乎与此同时，西方开始大量出现将中国纹饰加以改造并与西方纹饰相结合的现象，产于 1720 年的荷兰代尔夫特瓷盘，中间是加以改造过的中国花瓶、杂宝纹样，其余都是西方纹饰。中心图样中最明显的是中间花瓶上面长出的两朵心状的花卉，便是荷兰艺术家加以改造的纹饰。产于 18 世纪早期的荷兰陶砖，虽然画的是西方的海景、城堡、渔船等，但是绘画的手法基本上是中国式的。1730 年意大利生产的这件陶盘，完全是西方的风景画面，但从其构图到绘画手法明显都是中国式的。这件西洋花园纹饰的瓷盘十分有趣，作者显然是移植一张西方绘画，然而采用的又是中国的手法——将方形的画面绘在圆形的盘子上，在画面两边各画了一根竖线。荷兰生产的风景画瓷盘则是用中国的画法表现西方风景透视法的效果，而不是像早期的模仿，完全学中国手法。在这段时间里，西方人开始对中国瓷器的纹饰不满足，往往对销往西方的中国瓷画进行加彩，尤其是对青花瓷的填彩。

主讲人 21：到乾隆中晚期，外销瓷的风景画面接近图案化。早期的图案化风景约在 1740 年出现，如这件据考证很有可能是苏格兰普罗克特（Proctor）家族订制的纹章瓷就是这一时期生产的，其山水、建筑中的图案格式化的倾向十分明显。

主讲人 32：这种越来越图案化的趋向，一是因为西方设计的介入，如菲次修边饰用在青花风景纹饰中；二是由于外销瓷数量过于庞大，对绘画的规范性要求较高。这也是西方市场逐渐对中国外销瓷纹饰感到不满足，继而寻求改变的结果。

19 世纪早期，从嘉庆到道光年间，风景画纹饰基本延续着乾隆晚期的样式，图案格式化，比较死板，缺少层次。然而，这种原大量用于外销瓷的纹饰及画法随着外销瓷数量的急剧减少而被转售于国内。

主讲人 23：壮志西行追古踪，孤烟大漠夕阳中。驼铃古道丝绸路，胡马犹闻唐汉风。丝绸之路，你是画家，描绘出绮丽、奇壮的边塞风光。你是文学家，讲述着先人梯山航海的精神。你是导游，领着我们瞻仰历史的丰碑。你是一把古老的琴，弹奏着东西方文明的旋律。

我们宣布，四（6）班《China，china，你是哪一个》演讲活动到此结束！

水的"呼唤"

活动负责人：于京莉
活动研发成员：赵鑫馨、蒋庆红、胡昊、贾大春、王潇
活动设计执笔人：于京莉、赵鑫馨

一、活动名片

适合年级：五年级。

资源载体：水的"呼唤"实践活动。在这个活动中，学生将完成"参观、调查、分析、演讲"一系列动作，从而提高观察能力、解决问题的能力。学生在参与中将学会合作、分析，从现象看到本质，并能用自己的实际行动解决实际问题。

成果要求：教师与学生共同完成深度学习成果。教师完成部编版教材五年级上册第5单元课文的教学及非连续性文本指导课、深度学习研究报告。学生通过绘制主题小报、摄影、撰写演讲稿等多种形式进行学习汇报。

二、活动背景

（一）《语文课程标准》要求

《语文课程标准》对第三学段综合性学习的要求是为解决与学习和生活相关的问题，利用图书馆、网络等信息渠道获取资料；对自己身边的、大家共同关注的问题组织讨论、专题演讲，学习辨别是非善恶；初步了解查找资料、运用资料的基本方法。

（二）基于教学改进

2015 年 7 月，北京市教委修订了《义务教育课程计划》，其中有一个重要的规定就是倡导课程创新实验，加强综合性实践活动课程建设。中小学校各学科平均应有不低于 10% 的课时用于开展校内外综合实践活动课程。

三、活动目标

（1）学习列复杂提纲，理解说明方法在文章中起到的作用，能有效阅读非连续性文本，能综合运用到撰写演讲稿中。

（2）主动参与系列活动，设计宣传画、搜集资料、绘制主题小报、撰写演讲稿，并能充满激情地演讲。

（3）在活动中能够与人沟通、交流，与人合作学习，并且在学习中解决遇到的问题，体会成功的喜悦，树立自信心。

四、实施过程

在整个单元的学习中，我们将活动分为三大块，即导入活动（启动）、指导探究活动、展示活动。

（一）第一阶段：导入活动

导入活动中，让学生观看《我是演说家》节目，初步领略演讲的魅力。接着，布置任务，在学习完这个单元后，要结合所学知识围绕"水"这一话题撰写演讲稿并开展演讲活动。

（二）第二阶段：指导探究活动

我们进行了基础学习。在第五单元课文的学习中，我们始终围绕着"演讲"这一任务进行语文学科知识的学习，让学生运用本单元所学知识搭建演讲词的框架，并在学习中逐渐明确演讲的标准。

学习内容及内容之间的联系见表 1。

表1　学习内容及内容之间的联系

	学习内容	内容之间的联系	
第一学时：《太阳》	学习写比较详细的提纲，体会各种说明方法的作用	鲜明的主题，内容的选择，结构的搭建，材料的选择	学习撰写演讲稿
第二学时：《松鼠》	感受课文的魅力，体会作者情感	沟通情感，增加文采、文本感染力、语言的吸引力	
第三学时：习作例文《鲸》《风向袋的制作》	学会观察和思考，培养审美观	材料的选择，文本的感染力，内容的吸引力	

我们力求从文本出发，跳出原有框架，有效处理教材与学生经验的关系。从表1中，我们更清楚地看到文本学习内容与演讲词写作标准的整合。

接着，我们进行了深度学习，设计了一系列活动促进学生主动探究、持续学习。①设计宣传画，明确自己的观点。②选择与水有关的一个具体主题进行参观学习和搜索资料。③完成主题小报。④进行非连续性文本阅读的指导。⑤设计问卷。⑥撰写演讲稿。通过这条外显的活动线，促进学生内在知识的积累、能力的提高、情感的升华。

具体活动如下：

第四学时：设计宣传语。

我们将语文、美术学科整合，让学生设计属于自己的节约用水宣传画，借助它培养学生的想象力。我们要求学生必须有一句明确的宣传语，此任务是为后面写演讲稿确立主题做准备。以前，我们在语文课上进行读写结合的训练并不少见，但是教学中的想象训练设计没有依托，为了练笔而练笔的现象依然存在。本节课，在学生充分感知"水的呼唤"后进行创造性模仿，利用美术的形式加以表现，不但如此，学生还要自己提升概括，将图片配上恰当的文字，这一环节巧妙地将读图、读文、表达有机结合，学生的认识加深了。

第五学时：搜集资料。

我们认为确定主题容易，但如何让学生的个性也得以发展难。于是，我们思考根据大专题设立若干小专题，这样更利于深入研究，也更适合学生个性发展的需要。因此，在"水"这一主题下，学生可以选择一个小的方面继续进行深入调查研究，如水资源的分布、自来水的流程、节水小妙招、自然景物中的水、描写水的诗歌、南水北调工程等，通过了解水、亲近水、赞美水、珍惜水等活动，引导学生在实践中感受单元主题的学习内容，在互动等交流情境中加深对水的认识，通过水感受大自然，体会人类与自然应有的和谐关系，同时提高学生搜集信息的能力、表达能力、解决实际问题的能力。

我们鼓励学生参观科技馆、博物馆中与"水"有关的内容，要求学生从各种渠道搜集资料，并用非连续性文本主题小报的形式完成此次实践作业。在完成作业的过程中，学生会与之前确定的主题相印证。第一次作业收上来后，我们进行了有针对性的点评。主题小报与手抄报不同，它应注重记录是否详尽、缜密，思维是否独特，标注是否清晰等，而不单纯看布局是否合理、颜色是否鲜艳。在老师点评后，学生又完成了第二张主题小报，这一次我们让学生自己根据之前老师的点评进行评价。在此过程中，学生完成了搜集信息、记录信息、分析信息的实践运用。学生评价见表2。

表2　学生评价

作品编号	布局合理 （20分）	图文并茂 （20分）	标注清晰 （20分）	构思新颖 （20分）	记录特色 （20分）

第六学时：建立联系。

为了充分利用好学生的作业资源，使学习更加深入，我们又让学生自由选择其中的两幅作品，在它们之间的内容上建立联系。我们来看两段视频。第一段视频后：这位同学选择的是同一主题的两份作业，他注重的是相互之间的对应与补充。第二段视频后：大多数同学如这位同学一样选择了不同的主题建立联系，注重的是不同内容之间的关联。我们发现学生存在两个问题：第一，不同内容之间语言的组织比较生硬，缺少过渡语；第二，不能很好地提取主题，如节约用水、保护水资源等。

针对这些问题，我们上了一节针对非连续性文本的阅读指导课。

第七学时：非连续性文本阅读指导课。

1. 教学目标

（1）能阅读简单的非连续性文本，发现并提取文本中有用的信息，根据信息内容进行整合，形成自己的观点。

（2）通过阅读一系列的非连续文本，使学生认识到水资源的重要，知道节水是每个人应尽的义务，进一步增强学生的环保意识。

2. 教学过程

（1）比较阅读，发现不同。

（2）初识简单的非连续性文本。

①出示表格，试着读一读。

②了解非连续文本的特点，即简洁、容量大。

③联系生活，思考身边有哪些非连续文本。（说明书、广告、车站牌……）

3. 联系和比较图文结合的非连续性文本怎么读

（1）观察非连续性文本的组成。

（2）学习阅读图文结合的非连续性文本。

第一步：提取信息。

第二步：分析解释。

第三步：得出结论。

4. 自主阅读，灵活运用

（1）仔细阅读《保护水资源——刻不容缓》图表，通过联系和比较提取信息。

（2）小组内解释图表内容。

（3）以小组为单位，交流本组的主题小报，选择2～3幅进行内容整合，推选一个发言人在班里进行交流。

（4）评价反馈。

学生评价见表3。

表3　学生评价

学生姓名	叙述流畅（2分）	结构清晰（2分）	有详有略（2分）	中心突出（2分）	过渡自然（2分）

非连续性文本出现在我们的视野中，出现在语文教学和语文测评中，刚开始我们怀疑它是否因偏向于工具性而丧失了语文的人文性特点。因为其中大量的图表、数据的存在，我们会发现其更具有实用性，丧失了一些语文学科的特性，在阅读中更多的是理性地解读、科学地分析和实证考究。在深度学习中，我们发现学生学习阅读非连续性文本有很大的价值：①激发学习兴趣、活跃课堂气氛；②培养学生发现问题、提出问题、分析问题、解决问题的能力；③扩充文本形式，扩大阅读视野；④间接提高学生应对生活的能力。

具体到学科知识，我们知道，阅读能力通常包括认读能力、理解能力、鉴赏能力、评价能力、活用能力、阅读技巧。我们特别关注到《语文课程标准》在第三学段目标和内容中提出的"阅读简单的非连续性文本，能从图文等组合材料中找出有价值的信息"，这指明了阅读非连续性文本所要培养的阅读能力。

"找出有价值的信息"一句对应着认读能力，这是阅读非连续性文本的基础，必须对手中的文本材料包含的文字和符号有所感知和辨识，从中找出关键信息，培养学生阅读文本的探究能力，搜集信息、处理信息的能力。在我们的深度学习中对应的活动是寻找信息。

在这个基础上，学生应能领会非连续性文本所传达的意思，对应鉴赏能力、理解能力。鉴赏非连续性文本中图文组合或多文本组合产生的表达效果，在其中寻找有价值的信息。在我们的深度学习中对应的活动是建立关联和内容提炼。

在理解的基础上得出有意义的结论，这对应评价能力，阅读非连续性文本的目的不是评价文本的思想内涵、表现形式和写作风格，而是从客观的角度得出一个有意义的结论，如通过阅读地图和数字的图表，得到地球不同地区储水量的信息，从而得出自己的观点。在我们的深度学习中对应的活动是得出结论，写出演讲稿。

从表4，我们能更清晰地看到不同类型文本对应的阅读能力与学生在深度学习中的能力发展。

表4　不同类型文本对应的阅读能力与学生在深度学习中的能力发展

《语文课程标准》	非连续性文本	连续性文本	深度学习活动	《语文课程标准》
阅读简单的非连续性文本，能从图文等组合材料中找出有价值的信息	找出有价值的信息	感受力、认读能力	寻找信息	阅读教学应注重培养学生具有感受、理解、欣赏和评价的能力
	领会非连续性文本所传达的意思	鉴赏能力、理解能力	建立关联和内容提炼	
	得出有意义的结论	评价能力	得出结论，写出演讲稿	

如果说深度学习是一整套智力动作的话，围绕着写演讲稿这个任务前面进行了寻找信息—建立关联—内容提炼，那么接下来我们让学生得出结论、进行创作。

第八学时：设计问卷，开展调查。

演讲稿的作用是让演讲者与听众取得共识，使听众改变态度，从而采取关注水资源、保护水资源的行动。因此，每一篇演讲稿都应该有针对性，这样才能引发听者的共鸣。

人们存在哪些误区呢？为了更好地弄清这个问题，我们又引导学生在问卷网设计问卷的学习，并开展了问卷调查。

1. 教学目标

（1）通过阅读主题小报搜索有关信息，设计有效问卷答题。

（2）通过问卷网设计调查问卷。

（3）能简单分析调查问卷结果，做简单推论。

2. 教学过程

环节一：回顾主题报发现有价值的信息。

（1）人们对水资源的认识会有哪些误区？

教师点拨：通过制作主题小报，结合日常观察，自己曾经有哪些误区。

（2）学生回顾小报，结合自己的生活进行回顾。

（3）全班汇报交流。

例如：中国是一个缺水的国家；不关水龙头，十分钟会浪费 1～1.5 升水；地球上可以利用的水资源只占全球总储水量的十万分之七。

环节二：提供参照样表，引导学生认识调查问卷格式。

（1）结合集中问题，进行问卷题目设计，如地球上可以利用的水资源只占全球总储水量的十万分之七（十分之七，百分之七，千分之七，十万分之七）。

（2）学生仿照例子，自己尝试出题。

环节三：初次展示问卷，学生试评价有意义题目和无意义题目。

（1）选择题目，进行展示，学生评价。

例如：中国大约有多少淡水？A. 0.6%　　B. 0.7%　　C. 0.9%　　D. 1%

（2）小组合作，修改题目。

设计意图：通过具体的情境，学生阅读一道道题目，正是一个个真实鲜活的非连续性文本，在区分判断有效问题和无效问题时，不经意间帮学生树立保护水资源的意识。

环节四：展示问卷，得出结论，深入思考。

（1）以小组为单位展示问卷。

（2）通过微信形式进行发布，学生做答。

（3）由出题小组公布正确答案，并进行简短分析。例如：通过调查，我们发现有近四分之一同学都认为，将水烧开就可以杀死水中的细菌，这样的水不会造成健康伤害。其实，这是不正确的。水烧开后，细菌虽被杀死了，但其尸体仍残留在水中，被人饮用后会对身体产生不良作用，如头痛、低烧等。

了解开展调查研究的一般步骤，掌握调查问卷的设计方法，获得亲身参与研究探索的体验，形成善于质疑、乐于探究的态度和情感。调查问卷本身也属于非连续性文本，学生在出题后积极参与答题。在答题完成后，我们将引导学生把这些数据写到演讲稿中，在这个过程中提高学生对文本的分析、解释能力。

第九学时：学写演讲稿。

1. 教学目标

（1）学习演讲稿的特点，明确写作演讲稿的要求。

（2）学会写简短的演讲稿。

2. 教学环节

环节一：预习导学引起思考。

你认为一篇以"水的呼唤"为主题的演讲稿要注意哪些问题。

（1）学生思考。

（2）小组讨论。

（3）交流汇报。

（4）教师总结。

环节二：课堂助学点明主题。

（1）演讲词的要求。

老师思路点拨。

①有主题。

②结构清晰。

③语言吸引人。

（2）演讲词的格式。

开场白：点明主题、交代背景、提出问题。例如：大家好，我是×××，我今天演讲的题目是……我记得有一首古诗这样说："日出江花红胜火，春来江水绿如蓝。"这描写的是江南水乡秀丽明艳的景色。

正文：整篇演讲稿的主体，必须有重点、有层次、有中心语句。

演讲主体的层次要明确。为了便于听众理解，各段落应上下连贯，段与段之间有适当的过渡和照应，如说完了水污染的现状，我们就再来看一看水污染的治理情况。

结尾：具有深化主题的作用，可以用感谢、展望等语句作结，使得演讲能自然收束，给人留下深刻的印象。

环节三：复习回顾整合提升。

（1）试列提纲。

（2）选择素材。

回顾第五单元课文结构和内容，回顾曾经学过的与水有关的诗句。找到重点句，加在开头，进行对比，如白居易曾这样表达对江南水乡的赞美"日出江花红胜火，春来江水绿如蓝，能不忆江南？"然而，今年暑假，我随爸爸来到江南，却看到这样一幕。

环节四：布置作业，撰写演讲稿。

（1）重新思考我的演讲词的主题是什么，选择更加适合自己的材料，进一步修改演讲词。

（2）观看演讲节目。

我们立足于学生的生活，适度引导学生观看北京卫视的《我是演说家》等演讲节目，特别要求学生观察演讲者如何围绕主题来阐述自己的观点。

通过本节课的学习，学生学习组织材料。组织材料本身就是一个学习的过程，一篇演讲稿的完成需要很多知识的积累。对已经积累了大量资料与素材的学生来说，这是一个过程，一个强化的过程。演讲稿不要求多么精彩，关键是让学生意识到珍惜水资源很重要，演讲对他们的人生很重要。学会组织和查找相关材料，是很好的学习过程和方法。前面，我们着重讲授了说明方法在文章中的作用、写复杂提纲的方法等，这里我们要求学生结合资料应用这些方法。

（三）第三阶段：演讲展示活动

1. 教学目标

（1）通过主题演讲，对前一阶段的深度学习内容进行总结，固化成果。

（2）通过活动，让学生知道地球上的水资源分布、我国缺水的严重性等，进一步培养学生的节水意识，增进学生对家乡水资源的了解。

2. 教学环节

环节一：演讲词的展示与评价。

（1）学生分组，小组内依据优秀演讲稿的标准评价本组组员的优势与不足，提出改进意见，并推选出本组最优秀的一篇演讲稿。

（2）全班集中讨论各组优秀的演讲稿，依据优秀演讲稿的标准评价其优势和不足，提出改进意见。

环节二：演讲展示与评价。

（1）学生讨论优秀演说者的标准。

（2）各小组推荐的优秀演讲稿作者准备脱稿演讲，班级模拟演说现场进行演讲，学生评委评分并评价。

演讲稿写完以后，我们对学生如何背诵演讲稿进行了培训，告诉他们可以提炼小标题、画思维流程图，以非连续性文本的形式呈现自己的演讲稿。

演讲就是激情的展现，是个性价值的体现，有表现自我和发现自我的机会。我们适度引导学生观看北京卫视的《我是演说家》等演讲节目，特别要求学生观察演讲者如何围绕主题阐述自己的观点。活动过后，许多学生因此爱上了演讲，还期待下一次演讲活动。

五、评价设计

学习中我们制订相应的持续性评价方案，但发现传统的评价标准过于笼统，学生不好操作，评价的作用不单纯是打分，而应让学生在评价中发现不足、得以提升。在启动环节，我们向学生提供一份教师写的评价表（见表5），在学习过程中让学生参与评价标准的制定，并运用评价标准自我评价、自我改进。

表5是启动环节给学生的评价表。

表5 学生评价表

	评价项目	好	较好	一般
1.	形象气质佳			
2.	演讲有激情，声音洪亮			
3.	条理清楚，思路清晰			
4.	演讲内容没有科学性错误			
5.	PPT 制作精美，能和文章紧密结合			

在学习课文后，与学生一起制定了如表6所示的评价表。

表6 学生评价表

	评价项目	20 分	18 分	16 分
1.	观点明确，说明方法适合			
2.	有文采，能引用古诗词等			
3.	条理清楚，思路清晰			
4.	数据准确，演讲内容没有科学性错误			
5.	PPT 制作精美，能和文章紧密结合			

在观看了《我是演说家》节目之后制定了表7。

表7 学生评价表

评价项目	参赛作品评分	得分
演讲内容（60分）	紧扣主题，结构完整（20分）	
	内容充实，能结合说明方法（20分）	
	有文采，能引用古今文学作品（20分）	

评价项目	参赛作品评分	得分
语言表达（20分）	口齿清晰，语言流畅（10分）	
	脱稿演讲（10分）	
仪表风范（20分）	表情动作，丰富恰当（10分）	
	感情饱满，引起观众共鸣（10分）	
总分		

我们特别注重学生的评价，在学生初步写完演讲稿后，让学生分小组互相阅读演讲词，从主题、内容、语言、结构方面进行研讨，给同学提出改进意见。

学生在教师引领下，根据在阅读中的体验和感受制定相应的过程性评价标准。同时，通过评价反过来可以检验学生达成学习目标的效果。学生用过程性评价标准来评价和修改自己的阶段性写作。最后，在过程性评价标准不断完善之后，用以评价学生最后完成的演讲。

附录（教案、工具等）

水之密语课堂教学设计

一、导入

（1）同学们可能都看过中央电视台的节目《中国汉字听写大会》，知道祖国的汉字丰富而神奇。今天，我们也来举行一次汉字听写比赛，谁愿意接受挑战？

推荐一个最厉害的男生和一个最厉害的女生来比赛。每人听写两个词语，写对一个及格，写对两个优秀。下面的同学可以在本子上写。

第一组"清澈""污浊"，第二组"碧波荡漾""污水横流"。

（2）我们一起读，边读边记下它们的写法。

读词语也能读出感觉的。读第一组词语你有什么感觉呢？读第二组词语时的感觉一样吗？

你们的感觉很棒！这两组词语，一组写了清澈的水，一组写了被污染的水，读后感觉就是不一样。

（3）我们再读读作家笔下的湖水，看看读后又会有什么新的感觉。（出示，学生配乐朗读）

我看见过波澜壮阔的大海，玩赏过水平如静的西湖，却从没看见过漓江这样的水。漓江的水真静啊，静得让你感觉不到它在流动；漓江的水真清啊，清得可以看见江底的沙石；漓江的水真绿啊，绿得仿佛那是一块无瑕的翡翠。船桨激起的微波扩散出一道道水纹，才让你感觉到船在前进，岸在后移。

师：我们宛如舟行碧波上，人在画中游。

（4）我们再来看看科学家笔下的水。

①这段文字让你读懂了什么？

②两段文字的表达方法确实不同，阅读的方式也应该不一样。作家笔下的水运用的是艺术性的语言，很美，阅读时需要我们去感受、想象、体验。科学家笔下的水运用的是科学性的语言，清楚明白地告诉了我们关于水的知识，阅读后直接掌握了。

二、比较阅读两类文本，这样的表达有什么不一样

2014 年我国河流水质调查：

（1）请同学们再读一份表格。谁会读表格？

预设：你把表格中的文字横着读了一遍，还有没有不同的读法。

上下比较着读，也非常清晰。

（2）对比。前面我们已经读了介绍水的两段文字，这张表格同样也写了清澈的水和污水。请大家比较一下，这两段文字和表格又有哪些地方不同呢？（字少）

师：观察仔细。确实，表格字数少，很简洁。（板书：简洁）

（3）是的，表格中字数虽少，但是容量大。（板书：容量大）表格也是一种语言，也是一种表达，能传递信息。你们看，它的表达除用文字外，还有

什么呢？（数字）

师：大家看，前面写水的两段文字是用文字连续性地把内容表达出来，需要我们顺着读下去，叫连续性文本。而这样的文本，除了用文字表达，还有数据和符号；除了可以横着读，还可以竖着读，甚至跳着读。这样的文本，叫非连续性文本。（板书：非连续性文本）

（4）这是我们今天要学的一项阅读本领。你们在生活中见到过非连续性文本吗？比如，地图、统计图、说明书等。（指生回答）

师：数学上的统计图表达方式很多，如条形统计图，还有……

（折线统计图、表格式统计图）。

（5）你们到了六年级，还会学习扇形统计图。其实，非连续性文本早就是我们的老朋友了，在科学书、美术书、音乐书上都能找到它的身影。

三、联系和比较，图文结合的非连续性文本怎么读

师：我们再来看，这些非连续性文本都是由什么组成的。

生：有图画，有文字，还有数据。

师：这叫图文结合的非连续性文本。今天，我们学习如何阅读这一类非连续性文本，继续走近水。我们从中选择一个文本来阅读。

师：自己先读读文字，一定要听到自己的声音，再说说从文字中获取了哪些信息。（生自由朗读）

师：大家捕捉到的信息都是从文字中读出来的。图文结合的文本是不是只读文字呢？

生：不是。

师：不能只读文字不读图，从图中能读到什么呢？继续阅读，听到自己的声音，这次要自己组织语言。

师：同学们，你们发现没有，他是把三幅图联系起来阅读的。一联系，一比较，我们就发现图片的颜色也在说话呢，三种污染源污染的程度有大小。我们接着阅读，继续把图与图、图与文、文字与文字联系起来。

师：很棒！图画就是一种语言、一种表达，图与图联系起来读，就会发现污染物与人体的内在联系。

师：我们应该给他掌声！听出来了吗？他联系以前学过的知识，联系生活，读出了文本没有写出来的东西。看来联系与比较也是我们阅读此类文本的方法。刚才，我们经历的过程就是提取信息。

（板书：提取信息）

刚才这位同学的发言提醒了我们，非连续性文本虽然表面文字不多，其实许多信息都躲在文字和图画背后呢。不同的人读文本背后的信息也是不一样的。现在，你们是小学生，如果是科学家，你想告诉大家什么呢？

师：我们从非连续性文本的背后读出许多新的东西，这就是"言外之意"。其实，就是在——

（板书：分析解释）

师：最后，让我们想想，这个文本的作者为什么要画它写它呢。

生：他想告诉大家，要避免污染环境，保护环境，保护我们的地球。

生：作者在提醒大家做保护水的工作。

师：这些都是我们得出的结论。每个人得出的结论也有所不同。（板书：得出结论）刚才，我们读了图文结合的非连续性文本，谁能总结一下阅读的三部曲？

生：先提取信息，再分析解释，最后得出结论。

师：要注意的是，不能——

生：只读文，不读图。

师：不仅要把图文联系起来阅读，而且要把图文和生活联系起来，要读出言外之意。

四、自主阅读，能把提取的信息播报出来

师：下面我们进入自主阅读时间，请看这张图和要求。

要求：

（1）仔细阅读《保护水资源——刻不容缓》图表。通过联系和比较提取信息并写下来，至少写出两个。

（2）解释图表内容。

（3）以小组为单位交流整理提取的信息，推选一个环境部发言人，接受中央电视台记者的采访。（小组交流、讨论）

问题一：您好，我是中央电视台的记者，请问××部长，我国水资源现状如何？您能解释一下吗？

问题二：我国在水资源利用上，还和国外存在差距。您觉得差异在哪里？

问题三：我们知道，节约用水要从自身做起，请问您能给我们提供一些日常生活中值得推广的节约用水小窍门吗？

师：同学们，非连续性文本和我们的生活息息相关，它表达的就是生活。今天，我们认识了非连续性文本，掌握了一种新的阅读本领，这是现代人所必须掌握的。在学习的过程中，我们还认识了污水，它是人类自己种下的苦果，需要我们付出艰苦的努力去整治。相信经过长时间的努力，我们一定会重回那个天更蓝、水更清的世界。

课件播放多幅蓝天白云美景图和歌曲。

漫游书海，品读"西游"

活 动 负 责 人：赵鑫馨
活动研发成员：于京莉、蒋庆红、胡昊、王潇、贾大春
活动设计执笔人：赵鑫馨、于京莉

一、活动名片

适合年级：五年级。

资源载体：阅读实践活动。

成果要求：教师与学生共同完成深度学习成果。教师完成《西游记》阅读指导课、深度学习研究报告。学生阅读《西游记》、写心得笔记、撰写人物介绍，并在班里进行汇报。

二、活动背景

（一）确定主题的依据

1. 《语文课程标准》

（1）阅读叙事性作品，了解事件梗概，能简单描述自己印象最深的场景、人物、细节，说出自己的感受。

（2）扩大自己的阅读面，课外阅读总量不少于 100 万字。

2. 北京中小学语文学科教学 21 条改进意见

（1）传承经典，把中华传统文化经典、革命历史题材作为语文阅读和写作教学的基本素材。

（2）5~6 年级推荐并配备中、长篇文章及适宜的多体裁文学名著。

（二）教材

部编版教材中有一个板块是贯穿 1～6 年级的，这就是"快乐读书吧"。部编语文教材总主编温儒敏曾经说："现在语文教学问题就是读书太少，很多学生只读教材、教辅，很少读课外书。"这个板块可以作为每个学期课内与课外阅读衔接的桥梁，可以有效地激发学生对阅读的热爱，培养学生的阅读能力。

我们对一至六年级语文部编版教材"快乐读书吧"的内容做了简单梳理。一年级介绍读书的方式和途径，感受童谣的韵律美。二年级侧重短篇童话阅读，体会童话的真善美。三年级阅读经典童话集和寓言，感悟小故事背后的大道理。四年级强调广泛阅读，阅读科普类读物。五年级正式开启整本书阅读。六年级阅读儿童类小说和世界名著，为升入中学做准备。部编版教材五年级下册中原版引入了《西游记》的段落。

基于以上两点原因，依托人民文学出版社出版的小说《西游记》开展语文综合实践课程，可以让学生在经典名著中自由穿行、陶冶情操，提高鉴赏能力。

三、活动目标

（1）通过学习三篇主体课文，理清课文的表达顺序，练习写提纲笔记，体会课文在记叙时如何抒情、议论。

（2）在具体的西游故事片段中，体会作者的多种描写方法，激发学生对中国古典文学名著的阅读兴趣，引导学生学会读古典文学名著的方法，增强学生阅读名著的信心。

（3）在阅读活动中自主学习、注重合作，培养学生欣赏文学作品的能力及感悟鉴赏能力。

（4）通过学习，学生更深入地了解《西游记》的丰富内涵，感受祖国文化的博大精深，产生热爱祖国悠久灿烂历史文化的情感。

四、实施过程

（一）基础学习

学习重点：能在教师指导下阅读古典文学选段，并做出批注笔记，在此基础上形成自己的理解。

学习难点：能从自己的角度全面分析人物，从而体会古典文学的美妙。

第一课时：《草船借箭》。

引导学生先理解"草船借箭"的起因、经过和结果；然后抓住人物各自的语言描写，精细剖析描写人物特点的句子，感受鲜明的人物形象与思想。结合看过的电影、电视剧、阅读经验等，借助相关资料更好地理解课文内容，初步学习阅读古典名著的方法。

第二课时：《景阳冈》。

简单描述自己印象最深的场景、人物、细节，说出自己的喜欢、憎恶、崇敬、向往、同情等感受。通过对武松"喝酒""上冈""下冈"等情节的描写，引导学生抓住"武松打虎"的经典动作，感受武松的英雄形象，同时又抓住武松作为平常人的一面，让学生感受到人物形象的真实丰满，激发学生阅读名著的兴趣。

第三课时：《石猴出世》。

根据文前"阅读提示"，自主学习课文，了解课文主要内容，如石猴从哪儿来的，怎样成为猴王的。用精读、略读、默读、浏览的方法，品读语言文字，感受石猴形象，体会石猴勇敢顽皮的性格特点。领略经典名著的魅力。

第四课时：《红楼春趣》。

初步学会阅读古典名著的方法。扫清阅读障碍的基础上，学习带着问题读书，结合语句品析宝玉的性格特点，学习可以抓住人物的动作、语言和神态等感知人物的性格特点，并用这种方法品析其他人物，激发学生的阅读兴趣。

课时安排见表1。

表1 教材课时安排

课时	主要教学内容	阅读《西游记》的启示
第一课时：《草船借箭》	通过课文语言和重点段落详读，感受诸葛亮等人的特点	通过语言关注《西游记》的人物
第二课时：《景阳冈》	了解武松打虎经过	关注《西游记》的环境描写

篇目	主要教学内容	阅读《西游记》的启示
第三课时：《石猴出世》	了解石猴出世及成为猴王的过程	用精读、略读、默读、浏览的方法品读文字，感受人物形象
第四课时：《红楼春趣》	了解课文中人物特点，学习人物描写的方法。初步学习阅读古典名著的方法	学习阅读古典小说的方法

（二）主题学习

学生语文核心素养形成的基本途径是语文活动。在教师的组织下，学生进行阅读与鉴赏、表达与交流、梳理与探究。因此，该实践活动设计了一系列活动促进学生主动探究、持续学习。

①单元学习之前，布置任务：做一本《西游人物谱》。

②观看《大闹天宫》等由《西游记》改编的动画片。

③《西游记》诗词欣赏。

④《西游记》读书交流会。

⑤制作西游人物卡。

⑥将西游人物卡结集成册。

第五课时：学习目录阅读知识。

1. 教学目标

（1）通过阅读目录，关注目录表达的内容与形式，了解《西游记》的故事梗概，感受章回体目录的特色。

（2）学会阅读目录，知道这是一种初步鉴别文学作品优劣的方法。

2. 教学过程

（1）唐僧收徒记：西天取经并非唐僧一人，一路上收了三个徒弟。请同学们快速默读目录，看看能不能从中找到"唐僧收徒"的章回。

引出目录的第一个作用——快速检索，即我们可以借助目录快速找到一些我们想要的信息。

（2）"西游"的目的就是"取经"。如果按照三部分来划分目录，那么你可以怎样划分。（第一种：取经之前，取经路上，取得真经。第二种：大闹天宫 1～7 回，取经缘起 8～12 回，西天取经 13～100 回）重点引导学生关注目录的表达内容。

由此引出目录的第二个作用——了解内容。

（3）称呼的变化。

①四人小组讨论，找出描写大闹天宫的章节。

②目录中孙悟空的称呼有哪些？弼马温—齐天大圣—心猿。

③为什么同是孙悟空，在大闹天宫中要用到几个不同的称呼呢？（让学生明白这是行文表达的需要，不重复。另外，随着情节的发展，不同时期需要用不同称呼。）

④引出目录的两个特点：内容——高度概括；格式——对仗工整。

评价表见表 2。

表 2 评价表

评价内容		举例	自我评价
目录的作用	1.		
	2.		
目录的特点	1.		
	2.		
通过目录还了解到	1.		
	2.		
	3.		

为了让学生更好地开展阅读，语文教师又共同阅读了美国学者艾德勒和范多伦编写的《如何阅读一本书》。这本书在"如何阅读想象文学"一章中，给分析阅读这个阶段制定了如下五个规则：①你必须将想象文学作品分类。②你要能抓住整本书的大意。③你不仅要能将整本书简化为大意，还要能发现整本书各个部分是如何架构起来的。小说中，这些部分就是不同的阶段，作者借此发展出情节。④你要熟悉情节，要和小说事件感同身受。（小说的要

107

素是插曲、事件、角色与他们的思想、言语、感觉及行动。）⑤进入这个想象的世界，愿意与其中的角色做朋友。

阅读方法见表3。

表3 阅读《西游记》的方法

《如何阅读一本书》	《西游记》
1. 你必须将想象文学作品分类	中国古典文学小说、神魔小说
2. 你要能抓住整本书的大意	结合目录试着用最简短的语言说出整本书讲什么，可以按照"三段式"列出全书重要部分的内容，再把它们串联在一起
3. 你不仅要能将整本书简化为大意，还要能发现整本书各个部分是如何架构起来的	讲述一个你认为精彩的故事，从中了解作者的写作特色。学生也写出这部分的心得笔记，借此分析故事中孙悟空的形象。（如桥形图）
4. 你要熟悉情节，要和小说事件感同身受	介绍书中的一个人物，思考作者是怎样塑造这个形象。我们让学生从历史真实、小说虚构和自我认识三方面来谈一个人物
5. 进入这个想象的世界,愿意与其中的角色做朋友	欣赏书中的诗词，进行想象

我们发现这些规则非常适用于我们的阅读活动。因此，随着阅读逐渐深入，我们也给学生布置了阶段任务。

（1）结合目录试着用最简短的语言说出整本书讲什么。可以按照"三段式"列出全书重要部分的内容，再把它们串联在一起。

（2）讲述一个你认为精彩的故事，思考书中各个部分是如何架构起来的，从中了解作者的写作特色，可以用思维图来体现。

（3）制作PPT，介绍书中的一个人物，思考作者是怎样塑造这个形象的。从历史真实、小说虚构和自我认识三方面来谈一个人物。人物介绍评价见表4。

（4）欣赏书中的诗词，进行想象。

表4 人物介绍评价

人物介绍评价标准	备注
1. 语言准确。（5分）	字音不准、错字，每处扣0.5分
2. 感情充沛，抑扬顿挫。（3分）	入情入境不够，声音不自然、做作、重音、停顿有误，酌扣1～2分
3. 仪态大方。（2分）	无手势或不当，酌扣1分；仪态不够大方，酌扣1分
总分（10分）	

第六课时：借助故事情节分析人物形象。

1. 教学目标

（1）通过阅读目录关注目录表达的内容与形式，了解《西游记》的故事梗概，感受章回体目录的特色。

（2）学会阅读目录，并知道这是一种初步鉴别文学作品优劣的方法。

2. 教学过程

活动一：孙悟空名字大排队。目的是借助梳理孙悟空的名字，回顾了整本书的内容。制作孙悟空人物卡，关注人物形象、性格，为独立制作人物卡做好示范与引导。

活动二：独立制作人物卡。关注作者如何栩栩如生地刻画人物。

活动三：展示交流人物卡。关注《西游记》叙述结构的特点。

五、评价设计

本次深度学习，我们采取了持续性评价，在不同的学习阶段都有不同的评价方式。在学习过程中，我们还让学生参与评价标准的制订过程，并运用评价标准自我评价、自我改进。学习之初，我们给学生布置了任务，完成西游人物卡，并出示了教师制定的评价标准。西游人物卡评价标准见表5。

表5　西游人物卡评价表标准

评价标准	得分
1. 书写端正，字迹工整。（4分）	
2. 对人物经历进行摘要，并对人物有自己的感悟和体会，有独特看法。（4分）	
3. 适当的装饰。（2分）	

随着学习的深入，我们与学生共同商量改进评价标准，形成了更完善的评价表（见表6）。

表6　西游人物卡评价标准

自评	亮点（10分）				不足（10分）				分数
小组评价	完成态度		结构思路		写作内容		语言表达		分数
成员姓名	按时完成 10分	书写工整 10分	标题醒目 10分	版面合理 10分	有根有据 10分	叙述清楚 10分	语句流畅 10分	标点正确 10分	
教师意见									
合计（100分）									

让学生参与评价标准的制订过程，目的是让他们运用评价标准自我评价、自我改进，从而实现自我提升。

附录

西游记阅读交流课

一、导入

这个学期，同学们都阅读了《西游记》这部小说。谁来说说这部书主要讲的是什么？（孙悟空、猪八戒、沙和尚和唐僧师徒四人去西天取经的故事）

这是一部中国古典名著，塑造了很多栩栩如生的人物形象。

这节课，我们要走近这些人物，围绕他们做西游人物卡。

说到《西游记》，我们首先想到的一定是……（出示图片：孙悟空）

二、聊《西游记》中的人物形象

（一）活动一：孙悟空名字大排队（排序，了解整本书入手）

他有几个名字？（一个人多说几个，其他人再补充）你们能按事情发展顺序，把他的名字排排队吗？（小组讨论）请代表到前面排序：石猴—美猴王—悟空—弼马温—齐天大圣—孙行者—斗战胜佛。

（1）PPT出石猴原文。（指生读）（贴：石猴、美猴王）

（2）PPT出孙悟空原文。（贴：孙悟空）祖师是谁？

（3）PPT出弼马温原文。（板书：弼马温）

解释弼马温的来历，说一说，从这段话中你明白了什么？

承认他的能力，并任用他了，其实质是天界对孙悟空的极大嘲弄，所以孙悟空保唐僧取经路上，各路妖怪称他弼马温时，孙悟空都愤怒至极，原因归结于此。

（4）PPT出齐天大圣原文。（板书：齐天大圣）

（5）PPT出斗战胜佛原文。（板书：斗战胜佛）

（二）活动二：制作孙悟空人物卡（法宝、性格）

（1）至此，我们梳理完孙悟空这个人物的名字，也回顾了整本书。

书中提到他的法宝、法术有哪些，有何特别之处。生汇报，师写。（72变、筋斗云、火眼金睛、分身术）

孙悟空可是西游人物的主角。

（2）我们说了孙悟空有这么多本领，用一个词形容他，他有什么特点。

（生撒开说，师收：同学们你们想到的词真多，那就用神通广大来形容他吧！师写：神通广大）

他还有什么特点。（生：机智、勇敢、疾恶如仇或正义）

他有缺点吗？（急躁）

师总：是啊，现实中，猴子就是活泼灵巧的小动物，作者就是在写书时把孙悟空赋予了人的特点、神的特点，多么富有创造力啊！

是啊，老师还找了一段齐天大圣的语言描写，再读一读，看看你们对孙悟空有没有新的认识。

全书一共100回，前7回讲孙悟空和天庭斗，中间讲孙悟空和妖魔鬼怪斗，它一步一步地由一个石猴变成了最终的斗战胜佛。

过渡：这本书不仅塑造了孙悟空这个人物形象，还塑造了很多人物形象。那就按我们小组分工来制作小组西游人物卡。

赵老师也读了《西游记》，制作了一张人物卡，他就是灵感大王。除了上面和孙悟空略有不同，在下面部分写一写这些妖怪的意图、行动和结果。我们小组分工，要人人有事做。

（三）活动三：独立制作人物卡

（四）活动四：展示活动

1. 展示猪八戒人物卡

猪八戒（好吃、懒做、好色、聪明）。

愚笨、机灵（师：你们看，他们组竟然写了一组反义词，有问题吗？）

展示孙悟空和猪八戒的对话。（师：有一个环节，大家记得吗？故事背景是孙悟空打死白骨精，却被唐僧误会，赶回花果山。唐僧被黄袍怪变成老虎。猪八戒去花果山想请孙悟空救师父。）

师引：是啊，现实中，猪就是贪吃贪睡的动物。作者把猪八戒和猪的特点结合起来，长鼻大耳，贪吃好睡，非常切合人物需要。

回顾孙悟空和猪八戒，我们不难发现，作者在塑造小说人物时通过不同情节多角度刻画人物，让人物栩栩如生。（板书：情节、人物）

作者让每个人物都有多种性格，很全面、立体。与此同时，人物性格还随故事发展不断变化。

2. 展示妖魔鬼怪的人物卡

（1）师总：比一比三张妖怪卡，我们一起看，作者讲述不同的故事时叙述结构有没有相同的地方。（相似的）

原来，《西游记》里一个个降妖除魔的故事，就是类似这样的重复。这样的结构方式有人称为"冰糖葫芦式"。每个故事就像一颗冰糖葫芦，相对独立完整；唐僧师徒取经的任务就像中间的竹签，串起一个个扣人心弦的故事。

（2）再看看每个章回的题目，回忆一下有什么特点。

《观音院僧谋宝贝 黑风山怪窃袈裟》

这就是章回体小说的一个特点，每回以对偶的文字作标题，称为"回目"，它能高度概括本回内容，语言精练。每回叙述一个较完整的故事段落，有相对独立性，但又承上启下。（欲知后事如何，请见下回分解。）这就是章回体小说语言的特点。

三、总结

谁写出这么超乎想象的作品呢，了解一下作者吧。

（1）介绍吴承恩。

（2）创作来源。任何一个作者对小说人物的塑造都会有现实的背景。吴承恩塑造的这些妖魔鬼怪又在影射什么呢？（你可以在课下和家长、同学交流一下。）

（3）总结：《西游记》的诞生距离我们已经近500年了，它已经走进了人们的生活。我们在动画片、电视剧、京剧中，公园长廊等建筑上，邮票上，甚至春节庙会上，都能发现它的身影。如今，《西游记》也被越来越多的国际友人喜爱。

《西游记》就像一张名片，让世界认识中国，让中国走向世界。

四、布置作业

这节课上完后，希望你们能再翻开《西游记》，去看一看、找一找，为你感兴趣的人物做一张卡片。

教案提供者：赵鑫馨

"私人订制"手绘导游路线图

活 动 负 责 人：樊微微
活 动 研 发 成 员：贺欣、周燕、刘莹
活 动 设 计 执 笔 人：樊微微、刘莹

一、活动名片

适合年级：六年级。

资源载体：中华民族博物馆、语文教材（部编版教材六年级上册《故宫博物院》）、网络。

成果要求：教师完成学案设计、持续性评价设计、活动反思、活动手册。学生完成参观任务单、目标人群需求表、民族园导游路线图、活动延伸作业。

二、活动背景

2015 年，北京市教委修订了《义务教育课程计划》，其中有一个重要的规定就是 1～8 年级各学科平均应有不低于 10% 的学时用于开设实践活动课程。同时，《课程计划》指出，学科实践活动课程的开发和实施，要避免用学科教学内容简单替代，要突出实践性、探究性，尽量依托参观、调研、制作、实验等形式，要逐步形成学科内综合及跨学科多主题、多层次（知识类、体验类、动手类、探究类等）的系列课程。

《故宫博物院》是部编版教材第 11 册第三单元的一篇课文，本单元的单元语文要素是引导学生有目的地阅读。《故宫博物院》由一组非连续性文本组成，引导学生对在精读课文里学到的方法进行迁移运用，逐步实现自主"有

目的地阅读"。本课教学目标之一就是从各种相关材料中提取重要信息，完成故宫参观路线图的设计。学生在课堂中运用教材资源模拟实践了参观路线图的设计，在真实的情境中运用得如何呢？他们会遇到哪些意想不到的困难呢？他们又该怎样调动已有的语文学习经验解决这些问题呢？本活动设计的出发点正源于这样的考虑。

学生在四年级上册《美术》教材第 17 课中学习过手绘导游图，涉及导游图的特点、制作步骤等相关内容。在部编版五年级上册《道德与法治》第三单元"我们的国土 我们的家园"中第 7 课《中华民族一家亲》学习了关于民族团结、民族认同等相关内容。此外，北京石油学院附属小学周边有中华民族园这一得天独厚的博物馆资源，民族文化资源丰富，游园路线规划清晰，特别有利于将语文、美术、道德与法治等课内教材内容融合实践。

因此，我们设计了游览中华民族园，制作"私人订制"手绘导游路线图的活动。该活动可以逼真的情境化对学生产生冲击，在情境中通过合作完成对非连续性文本的语文学习实践。在本活动中，学生需要完成一整套智力动作，并调动已有多学科学习经验，对经验知识进行统整和有效重构。最终，认识到各民族的"形"之所以表现不一样，是因为其民族历史、生活地域、文化形成历程的不同决定的。同时，随着社会的发展，学生走出家门、国门的机会越来越多，视野越来越开阔，制作个性化出行旅游攻略、郊游路线的需求越来越大。"个性化"已成为这个时代发展的主要趋势，"私人订制"手绘导游路线图与学生生活将紧密地联系在一起，成为其受用终身的一项生活技能。

三、活动目标

（1）掌握快速选定目标的原则，实践和把握分工合作的有效机制，提升组织能力。活动中，能抓住关键信息进行记录，做到简洁、准确、工整。

（2）初步了解非连续性文本，并尝试从中提取有效信息并匹配整合，合理规划游园路线。能有根有据、有条有理、简洁准确地表达自己的观点。根据他人意见，增补、删减、调整、完善自己的观点，使表达适合不同倾听

对象。

（3）结合各主要民族发展历史、地域特点、民族信仰等信息，了解其民族具有代表性的事物，理解其独特之美的韵味内涵，感受到祖国多民族大家庭的和谐共处之情。

四、实施过程

（一）内容框架

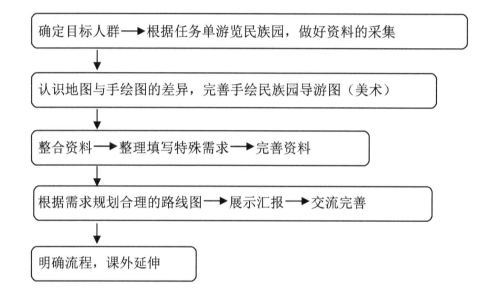

（二）整体规划

本次语文综合实践活动需七课时完成。

第一课时：回顾《中华民族一家亲》相关内容，激发学生了解其他民族的兴趣，小组选择目标人群。

第二课时：游园后，回顾手绘导游图相关内容，展示交流小组绘制的导游图，统一图例。

第三、四课时：学习《故宫博物院》，学习有目的地选择阅读材料，根据绘制个性化路线图迁移至为目标人群绘制游览中华民族园个性化游园路线图的任务目标，讨论目标人群的共性和个性游园需求。

第五课时：为选定的目标人群规划合理的游园路线，小组展示。

第六、七课时：完善路线，小组之间充分展示与交流。

（三）实施过程

阶段 1：实地调查，手绘导游图。

1. 师生准备

利用双休日游览民族园。游览中，参照游览记录表观察、记录、收集中华民族园相关的信息。

2. 实施流程

选择目标人群 ➡ 游中华民族园 ➡ 记相关信息 ➡ 绘中华民族园导游图 ➡ 标统一图例

3. 具体操作

（1）选择目标人群（见表 1），明确游园任务，完成游览过程记录。

表 1 目标人群

目标人群	1. 小学二年级秋季社会实践活动。时间：8:30～14:00	（ ）
	2. 大学建筑系学生考察。时间：全天	（ ）
	3. 外地自助游游客，上午已参观鸟巢、水立方。时间：下午	（ ）

教师点拨：通过合作机制（如大多数原则、随机原则、优势原则）快速确定。

（2）在美术教师的指导下，小组合作手绘民族园地图。

阶段 2：选择人群，讨论需求。

活动 1：讨论个性需求

（1）分析目标人群特点。可以使用思维导图的形式梳理思路，再填写表格。

（2）细读参观指南，提取相关信息。

（3）在表格中罗列目标人群的需求（见表 2）。

表2　中华民族园游览路线图设计——活动单1

目标人群	1. 某小学二年级秋季社会实践活动 　　时间：8:30～14:00（　　） 2. 某大学建筑系学生考察 　　时间：全天（　　） 3. 外地自助游游客，上午已参观鸟巢、水立方 　　时间：下午（　　）
个性需求	
补充资料	

（4）匹配筛选，确定需求。

阶段3：规划个性化游览路线，展示交流修改。

1. 师生准备

第3阶段学习流程图，各组手绘导游图复印件、文件夹、参观指南、彩色笔、红色和黑色签字笔等。

2. 实施流程

回顾旧知，梳理需求 ➜ 根据需求，圈定景点 ➜ 勾连景点，连点成线 ➜
汇报路线，接受点评 ➜ 归纳总结，延伸升华

3. 具体操作

附录1

一、回顾旧知，梳理需求

（一）回顾

这节课，我们继续为"目标人群"游览中华民族园服务，进入规划路线

这一课的实践。

回顾：

（1）游览民族园。

（2）绘制导游图。

（3）填写需求表。

（二）展示

（1）请一个小组展示自己的需求表。

思：你们组的需求表是从哪些方面考虑的？

分：用不同颜色的笔（或标记符号），区分不同方面的条目。

说：用一段话从不同方面来汇报。

（2）一个小组展示，其他组听后思考：哪些方面你们也考虑到了，哪些方面是他们没考虑到的，为什么推荐这些景点给你们组的目标人群。

（3）回顾刚才的各组发言，想想：哪些是目标人群的"个性需求"，哪些是无论何种身份的游客都要考虑的"共性问题"。

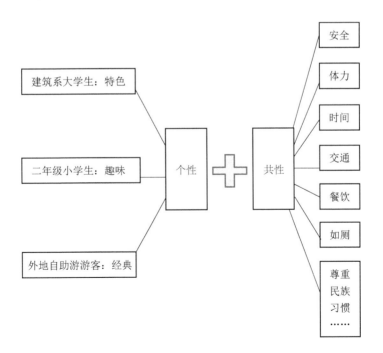

引导学生小结：

预设：按类别考虑，便于考虑周全。以个性需求为主，兼顾共性，综合考虑。

教师补充：还要与园区能够提供的游园资源进行匹配。

二、根据需求，圈定景点

（1）大家都关注到冬季南园闭园和周一"大自然日"无表演这两个关键时间信息。为了能充分规划路线，我们统一默认为：

● 三个目标人群游览时南北园都开放。

● 小学生、外地游客游园日期选在周二至周五。

● 建筑系大学生游园选在周一。

（2）请根据我们对需求表的梳理和再思考，在手绘导游图上圈一圈你们组为目标人群确定的游览景点。

（3）学生圈定，教师巡视各组，随机查问：调整了哪些景点，为什么调整这些景点。

选三个组汇报景点的圈定，其他同学点评。标准为景点是否满足个性需求，是否合理。

三、勾连景点，连点成线

（1）数学知识告诉我们，两点之间可以连接无数条线。圈定好景点后把它们勾连起来，你有什么建议。

小结：勾画路线同样要综合考虑个性、共性、园区资源等问题。

（2）小组合作勾连景点路线，助教教师进驻各组指导。

● 初定：用铅笔勾画，讨论路线的合理性。

● 确定：用醒目的水彩笔描画确定的路线。

四、汇报路线，接受点评

（1）现在，我们要以小组为单位向目标人群汇报规划路线，对汇报你有什么建议吗？

● 预设关于分工：讲解、小组内模仿听众提意见、记录听众意见……

● 预设关于表达：语言简洁，减少语病和口头禅，口齿清晰，仪态大方……

（2）教师补充建议：想让听者听得清楚、明白，一大段话要说得有条有理、清楚明白，我们可以使用这样的开篇语和衔接词（见表3）。

表3 开篇语和衔接词

开篇语	亲爱的（　　　　　　），我组为你们精心设计了独具特色的游园路线……
衔接词	表达方位：向（往或朝）东（西、南、北） 表示次序：首先……接着……然后……再……最后…… 表示过程：沿着、顺着、沿途可见、来到…… 看到、欣赏、游览、体验、感受、品尝、挑选…… 表示估计：大约、预计、可能、也许……

（3）小组内练习，助教教师进驻各组指导。

（4）倾听者把自己转换为介绍组的目标人群，倾听的评价标准：

● 景点符合个性需求。

● 景点安排恰当合理。

● 路线介绍清楚明白。

（5）2～3个组展示，其他组点评。

评价要求：先说优点，再提建议。

五、归纳总结

根据板书梳理：我们以三个目标人群为例，实践了规划游园路线全过程。

生活中，我们的身份会变，游览地点会变，但我们设计路线可以大体按照"梳理—分类—定点—连线—修改"的思路，让这节语文课所学为我们的生活服务。

阶段4：完善成果，生活中实践。

1. 师生准备

各小组已分别完善了本组游览路线图。

2．实施流程

继续展示 ➡ 畅谈收获 ➡ 布置假期旅游规划项目

3．具体操作

（1）各小组分别完善了本组的游览路线图。我们继续展示，其他小组仍然在展示后提问或提出建议。

（2）谈谈本次活动课的收获。

（3）总结延伸：历时两周的活动课使我们学会站在他人的角度做打算与规划，换位思考给了我们一个全新的视角。我们学习到了怎样合作，怎样交流，怎样周密合理地设计游览行程。假期中，你能为全家做一个旅游规划吗？如果有外地（外国）的朋友来北京旅游，你想怎样帮助他游览北京呢？

以下表格是两名学生在暑假中所做的旅游计划。

交通方式选择见表4。

表4　交通方式选择（北京—普吉岛）

	去程		返程		我的选择（打"√"）
	时间及用时	价格（成人+儿童）	时间及用时	价格（成人+儿童）	
飞机北京—上海	时间：15:30～17:10 用时：1小时40分	900元			√
飞机上海—普吉岛	时间：22:50～3:30 用时：4小时40分	1940元			√
飞机普吉岛—曼谷			时间：19:45～21:15 用时：1小时30分	576元	√
飞机曼谷—北京			时间：19:15～00:45 用时：5小时30分	2860元	√

选择理由说明：因为泰国离北京大概4000千米，非常远，所以选择乘飞机出行。因为去程时北京直飞普吉岛的机票价格较贵，所以选择从北京到上海，再从上海到普吉岛的路线

三亚自助游攻略设计见表5。

表5 三亚自助游攻略设计

	上午	午餐	下午	晚餐
D1	从首都机场乘航班川航 3U8402	飞机上	三亚湾和椰梦长廊	聚福园饭庄
D2	换宾馆，去天涯海角	公园里	在天涯海角景区游玩	金民坊南国椰子鸡
D3	乘车抵达亚龙湾	自行解决	在亚龙湾游泳、玩沙子	陕西面馆
D4	乘车抵达呀诺达热带雨林并游玩	雨林中自行解决	继续在呀诺达热带雨林游玩	聚福园饭庄
D5	乘坐一日游大巴到蜈支洲岛游玩	自行解决	继续在蜈支洲岛游玩	天下客海鲜馆
D6	在三亚湾玩沙子、游泳	沙县小吃	观看《三亚千古情》演出	粤菜馆
D7	乘车去鹿回头公园游玩	金民坊南国椰子饭	坐飞机 HU7180 回京	飞机上

三亚自助游费用统计见表6。

表6 三亚自助游费用统计

	交通	门票	餐费	住宿	其他
1月30日	15元		97元	254元	43元
1月31日	30元	200元	112元	258元	57元
2月1日	41元		73元	231元	62元
2月2日	92元	376元	94元	231元	58元
2月3日	随团	750元	153元	231元	
2月4日	9元	675元	108元	231元	
2月5日	11元	95元	72元		188元
合计	198元	2096元	709元	1436元	408元

五、评价设计

评价量规见表 7、表 8。

表 7　评价量规 1

目标人群	1. 某小学二年级秋季社会实践活动 　时间：8:30～14:00　　　（　　） 2. 某大学建筑系学生考察 　时间：全天　　　　　　　（　　） 3. 外地自助游游客，上午已参观鸟巢、水立方 　时间：下午　　　　　　　（　　）	组内自评 （打"√"）	师评 （打"√"）
特殊需求		考虑周全（　） 条理清晰（　） 用词准确（　） 书写规范（　） 标点合理（　）	考虑周全（　） 条理清晰（　） 用词准确（　） 书写规范（　） 标点合理（　）
补充资料		与需求匹配 （　　） 与需求较匹配 （　　）	提取有效信息 （　　） 补充资料对调整 需求指导性强 （　　）

表 8　评价量规 2

评价项目	评价等级			
规划合理，满足需求	☆☆☆☆	☆☆☆	☆☆	☆
口齿清晰，仪态大方				
有条有理，清楚明白				
过渡自然，态度亲和				

学写题画诗，感悟生活的雅趣

活 动 负 责 人：周艳
活 动 研 发 成 员：向昆、李琢文、冀舰、姚红艳、李爽
活动设计执笔人：李琢文、周艳

一、活动名片

适合年级：六年级。

资源载体：《墨梅图题诗》《墨竹图题诗》《苍松怪石竹题诗》等。

成果要求：完成一幅题画诗作品。

二、活动背景

《语文课程标准》中指出"要全面提高学生的语文素养，通过优秀文化的熏陶感染，促进学生和谐发展，使他们提高思想道德修养和审美情趣，逐步形成良好的个性和健全的人格"。

随着教育部《2017 年高考改革方案》和《完善中华优秀传统文化教育指导纲要》的颁布，加大传统文化在中考、高考升学考试中的比重，将传统文化融入各学科课程和教材体系，已成为教育改革发展的重大趋势。

《北京中小学语文学科教学 21 条改进意见》中的第二点也指出：传承经典，把中华传统文化经典、革命历史题材作为语文阅读和写作教学的基本素材。小学重点培养学生热爱中华优秀传统文化的情感，为学生精选蒙学读物和古诗词等优秀国学经典，通过熟读成诵提高学生对中华优秀传统文化的认知程度。

三、活动目标

（1）通过对课外资料的查找与补充，使学生对题画诗的起源有初步的了解。

（2）通过对题画诗范例的学习，能够正确、流利、有感情地朗读古诗文，体会和感悟"岁寒三友"的象征意义，以及题画诗诗品、画品、人品的和谐统一。

（3）通过对题画诗的学习，使学生能够更加深入地理解题画诗"诗画相融"的特点。

（4）通过学写题画诗，激发学生对诗歌的热爱，使中华文化得以传承。

（5）通过学生之间的诗画欣赏活动，使学生形成初步的诗画鉴赏能力。

四、实施过程

第一课时：初步感知题画诗的美。

六年级学生有学习积累古诗词的基础，能够区分题材，如田园诗、边塞诗等不同主题的诗歌体裁，能够背诵积累古诗词。第一课时旨在初步感知题画诗这种创作形式，感受其蕴含的美。

1. 溯源——了解历史

（1）欣赏题画诗。教师展示古代题画诗作品，与学生交流其蕴含的美感，激发学生学习的兴趣，布置查找资料任务，进一步了解题画诗这一创作形式。

（2）引入例文资料。以三首典型的题画诗作为教学素材，学生交流查找有关题画诗的历史资料，交流《墨梅图题诗》《墨竹图题诗》《苍松怪石竹题诗》三首诗作者的简介和写作背景。

2. 初读——理解诗意

在初读的过程中，遵循以往学习古诗词的经验，尊重学生的自主学习能力，做到读通句子、读懂内容。

（1）自由朗读三首题画诗，借助工具书以及鉴赏初步理解诗意。

（2）同桌交流，解决自学中的疑问。

（3）全班交流，了解诗歌大意。

3. 品读——感悟诗境

在理解诗意的基础上，进一步体会诗人所创作的对象，结合诗人的背景体会所选事物的象征意义。

（1）自由朗读，边读边想象诗歌所描绘的画面。

（2）联系诗人生平说一说松、竹、梅的象征意义。

（3）带着自己的理解再次朗读。

4. 赏画——加深理解

题画诗的特点是诗画融合、相得益彰，在读懂诗的基础上鉴赏画作，体现语文核心素养中的审美鉴赏与创造的能力。

（1）描述画面内容。

（2）发现画作特点。

（3）交流作者如何展开联想，将诗书画融为一体。

5. 诵读——抒发诗情

古诗的学习离不开诵读，在不断的诵读过程中加深理解，引导学生将自己所感受到的情感朗读出来。

（1）同桌互读，体会作者将画格、诗格、人格有机融为一体。

（2）全班展示。

第二课时：自学品鉴题画诗。

1. 回顾学习方法

承接前一课的学习内容，归纳梳理学习鉴赏题画诗的方法，作为自己的认知工具。

2. 自学完成学习单

将归纳总结的鉴赏题画诗的方法转化为学习单。学生以四到六人为小组，借助学习单，自主鉴赏《墨梅图题诗》《墨竹图题诗》《苍松怪石竹题诗》三首题画诗作品。

题画诗鉴赏学习单

作者我知道

背景我了解

这首诗中作者用_____象征_____

对于这首诗，我想用一句话来表达作者的感受：

我们小组的困惑：

3. 班级汇报交流

在班级汇报交流的过程中，教师帮助学生梳理，引导学生把鉴赏单内化为自己的思维工具，为下一步学习打下基础。

第三课时：拓展积累题画诗作品。

1. 复习回顾

题画诗主题学习是一个阶段活动，因此在学习新内容时对旧的素材进行回顾以创设学习情境，帮助学生聚焦主题。

（1）背诵《墨梅图题诗》《墨竹图题诗》《苍松怪石竹题诗》三首题画诗。

（2）说说诗歌所表达的情感。

2. 学习课外题画诗

学生们根据自己的兴趣搜集课外的题画诗，在作为教学资源前教师进行审核，选择图画清晰、内容符合学生认知水平的诗作作为集体交流学习的素材。

（1）出示学生们收集到的题画诗，指名读。

（2）以小组合作学习的方式学习题画诗，完成任务单。

（3）全班交流汇报。

3. 诗画搭配赏析

教师准备一些图画及一些诗句供学生进行搭配，使学生进一步感受题画诗诗画相融的特点。

（1）出示诗句与画面。

（2）学生进行搭配，并说明理由。

4. 积累背诵

大量的背诵积累使学生熟悉诗词的语言表达方式，发展学生诗化的语言，从而为下一步创作打下基础。在班级展示中，不断加深自信，培养对古诗词的兴趣。

（1）同桌互背。

（2）全班展示。

第四课时：学写题画诗。

1. 回顾题画诗

交流说明题画诗的特点，即诗画相宜、情景相融。

2. 画作交流

学生在课前创作自己喜欢的画作，建议学生从古诗词传统主题方面进行创作，如梅、兰、竹、菊这些古诗词传统意向，或者山水田园类古诗常见题材。

在课堂上学生交流分享自己选画创作的原因，为下一步创作诗词打下基础。

3. 写题画诗

（1）交流创作困难。因为诗词创作属于拓展性学习内容，所以不硬性要求学生掌握，可以进行分层评价。学生可以根据自己的能力与兴趣进行创作。在创作前，先从学生角度出发，交流自己遇到的困难，如押韵、诗词的语言表达形式等。

（2）方法指导。

①白话描述法是把自己画作上的内容先用白话讲出四句，然后进行语言调整，使其更符合诗的形式。此为以往尝试实践过的内容，当堂进行回顾。

②化用诗句法。因为学生的画作内容与很多古诗词有契合部分，所以教师指导学生尝试化用古人诗句来表达。

③对韵法。在前两种基础方法之上，选择所要押的韵，在字典中找到相应的若干字进行搭配组合，从而使自己的诗更具有意蕴。同时，汉字具有音

近意通的特点，选出若干押韵的字也能进行联想启发，从而推动诗句的创作。

4. 融诗入画

在完成诗句创作的基础上，学生下笔创作完整作品后进行分享交流。

第五课时：诗情画意共赏析。

学科综合实践的最后一课旨在使学生对自己创作的题画诗进行赏析，进一步提高对题画诗这一创作形式的理解，从而提升文化传承与理解这一语文核心素养。

1. 导入

（1）教师给学生讲老舍先生请齐白石为诗句"蛙声十里出山泉"配画的故事，猜测画面内容。

（2）出示齐白石作品《蛙声十里出山泉》，学生谈想法。

2. 展示评价

（1）出示一幅学生作品及评价表（见表2）。

表2　题画诗评改表

评价内容	评价标准	自评	他评
诗画相符	诗与画内容相符		
	诗与画的内容比较相符		
传情	诗歌中表达了作者的情感		
	诗歌中没有表达作者的情感		
画面	画面漂亮，书写规范、整洁		
	画面较美观，书写较规范、整洁		
我的收获	我从同学处学到：		
	我最欣赏同学的：		
	我建议（　　）的作品这样改：		

引导学生分别从诗画相符、传情、画面几个方面对其进行评价。

（2）学生自评，介绍自己的作品。

（3）同桌互评，选出小组内优秀的作品。

（4）全班交流，教师点评，再从画面构图、色彩、独到的创意几个方面展开评价。

3. 诵读展示

（1）小组内朗诵自己所创作的题画诗，推选优秀作品以及朗诵者。

（2）全班展示，激发学生诵诗的热情。

4. 总结拓展

各小组可以把自己创作的题画诗编辑成册，给诗集再取一个富有诗情画意的名字。

5. 评价设计

本次深度学习采用了持续性评价的方法，在不同学习阶段对学生都有不同的评价方式。在例文学习阶段，采用了自评与师评相结合的方式。学习过程评价见表 3。

表 3 学习过程评价

评价内容	评价标准	自评	师评
背诵《墨梅图》题诗	能够有感情地背诵古诗		
	能够正确、流利地背诵古诗		
默写《墨梅图》题诗	能够正确地默写古诗，没有错别字		
	较正确地默写古诗，错字少于 3 个		
对诗意、诗情的理解	能够准确表述诗歌大意，表达诗歌情感		
	能够比较准确表述诗歌大意，表达诗歌情感		
对学习方法的掌握	能够熟练地掌握题画诗的学习方法		
	初步了解题画诗的学习方法		

此次还有同学之间的评价，采用自评与互评相结合的方式，这一点主要体现在诗画欣赏课中。学生先对自己的作品进行评价，再在小组内对同学的

作品进行评价（见表4），这样既给了他们交流的机会，也为他们提供一个互相学习借鉴的好机会。

表4　题画诗作品评价

评价内容	评价标准	自评	他评
诗画相符	诗与画内容相符		
	诗与画的内容比较相符		
传情	诗歌中表达了作者的情感		
	诗歌中没有表达作者的情感		
画面	画面漂亮，书写规范、整洁		
	画面较美观，书写较规范、整洁		
我的收获	我从同学处学到：		
	我最欣赏同学的：		
	我建议（　　）的作品这样改：		

制作成长纪念册

活动负责人：李琢文
活动研发成员：周艳、向昆、冀舰、姚红艳、李爽
活动设计执笔人：周艳、李琢文

一、活动名片

适合年级：六年级。

截至六年级，我们已进行了一系列循序渐进的习作、手抄报制作等教学实践。

（1）手抄报制作。学生一年级就有所接触，如假期教师安排学生用图文并茂的方式记录假期生活，意在让学生学习版面的编辑、色彩的搭配等方法。

（2）习作教学。自一年级开始，我们就有专门的习作课，并且也有周记训练，让学生将生活中的点点滴滴记录下来，为今后的生活留下美好的回忆，也能够训练他们的表达能力。

（3）在计算机制图方面，六年级学生已经能够使用 Word 等计算机软件进行编辑与排版。

资源载体：部编版教材六年级下册第六单元"综合性学习：难忘小学生活"。

成果要求：完成个人成长纪念册。

二、活动背景

语文的核心素养包括四个方面，即文化传统、人生感悟、情感共鸣、美的熏陶。也就是说，通过对文字的品读感受文字所蕴含的魅力，或者将生活

中真实的情感用恰当的语言文字表达出来，从而传递给他人。而传统的教学往往侧重于语文的工具性，执着于对词句的分析，忽略了读者与文本的对话。因此，我们的研究学习重在指导学生梳理自己的成长过程，并与他人分享，激发学生与同学、老师、学校之间的情感。

《语文课程标准》在第三学段的习作标准中指出：要让写作成为自我表达和与人交流的方式，留心观察，丰富见闻，珍视个人的独特感受，积累习作素材。我们的成长纪念册不仅能够帮助学生梳理自己六年的成长经历，还能够使他们的真情实感落笔成文，成为他们永久的珍藏。

部编版教材第12册第六单元为"综合性学习：难忘小学生活"，有与制作"成长纪念册"相关的语文实践活动，以此为抓手，可以将教学与学生活动、教材与学生生活相结合。以往学生写过如下作文："成长中的一件事""难忘的旅行""熟悉的他"等，借此成长纪念册如穿针引线般将一颗颗"珍珠"连缀起来。我们的学生即将结束小学的学习，告别童年，升入初中继续深造。6年来，他们在心理、生理、思想、学识等各方面都有很大的提高。第6单元的语文学习活动以制作成长手册为主题，通过活动使学生记录自己成长的足迹。

每到六年级，学生都会产生一种即将离校的感觉，也勾起了对学校、老师、同学的不舍，私下会有写同学录、拍合影等纪念活动。遗憾的是，同学录中的留言语言单调，内容空泛，鲜有出彩之处。

三、活动目标

（1）召开一次"我的故事会"，在交流往事中锻炼口语交际能力。

（2）编辑成长纪念册，在搜集资料中提高查找、整理信息的能力。

（3）撰写成长纪念册，在撰写过程中提高写作能力。

四、实施过程

本次实践活动共分为四个环节。环节一：阅读学习一些与毕业相关的文章，引起学生情感上的共鸣，为学生积极回忆童年趣事奠定情感基础；环节二：分享自己的成长经历，学生在成长过程中大大小小的事情可以说是数不胜数，纪念册不能把所有事情都记录下来，挑选事件就是至关重要的一个环节，记录珍贵、有意义的事情，那么这本纪念册对学生来说就更加珍贵了，因此，在这一环节采用教师指导与小组交流的形式确定记录的事件；环节三：选定内容后，就是成长册的设计与排版，怎样让成长册图文并茂，突出成长的过程，还要进行学习与设计；环节四：动手制作一件工艺品，并在毕业典礼上送给教师或同学，表达自己的感恩之情。

第一课时：阅读回忆童年。

教学目标：

（1）激发学生回忆自己童年的兴趣。

（2）引发学生情感上的共鸣。

（3）体会回忆式文章的写作方法。

教学过程：

1. 导入

借助冰心等著名作家对童年的描述引出主题。

2. 阅读欣赏

（1）课前阅读《城南旧事》《盐丁儿》《草房子》《45 度的忧伤》四本书中与毕业有关的章节节选，了解不同时代、不同背景下的童年。

（2）针对自己感兴趣的部分批注阅读，用不同形式做批注笔记。

（3）绘制思维导图，将 4 个人的童年串联起来，从而激发讲述自己童年故事的兴趣与欲望。

3. 交流品鉴

（1）小组之间分享。

（2）小组代表进行展示，与班级同学分享。

（3）同学与老师点评。

4. 布置作业

（1）收集自己自入学以来有代表性、有纪念意义的照片及物品。

（2）以提纲形式绘制个人成长大事记。

第二课时：分享记录童年。

教学目标：

（1）通过交流激发学生讲述自己童年的兴趣。

（2）通过讨论学会选择值得记录的内容。

（3）学习回忆式文章写作方法。

教学过程：

1. 导入

教师讲述自己的童年故事，以激发学生分享交流的兴趣与意愿。

2. 畅所欲言

学生讲述自己成长中印象较深的事件。

（1）小组之间分享自己成长中的故事。

（2）代表发言，教师、同学点评，学习选择事件。

3. 反思修改

补充修改自己的提纲。

（1）根据教师、同学提出的建议修改自己的提纲。

（2）再次与同桌进行交流。

4. 头脑风暴

充实纪念册。

（1）同学讨论成长纪念册中可以丰富的内容。（个人介绍、我的荣誉等）

（2）筛选最有价值的 5 项供同学参考。

5. 作业布置

创作自己的成长纪念册。

第三课时：召开编辑大会。

教学目标：

（1）学会编辑排版的基本知识。

（2）参与感受会议讨论流程和规则。

（3）培养参与意识。

教学过程：

1. 导入

教师讲解编辑大会的意义。

2. 学习图书编辑体例

（1）教师出示一份材料，让学生学习讨论。

（2）学生讨论总结方法。

3. 群策群力

（1）教师出示一本成长册作为示例，供学生赏析。

（2）学生们根据之前讨论的方法提出修改建议。（四人一小组，一人主持，一人记录，两人提出建议）

（3）小组代表进行交流。

4. 自我修改完善

（1）按照学习的体例补充修改自己的成长手册。

（2）将收集的照片与撰写的文字相结合，完成成长手册的撰写。

5. 作业布置

（1）与同学和家长交流。

（2）印制成册，赠予他人。

第四课时：感恩童年。

（1）亲手制作一件工艺品，送给老师、同学，并写上赠言。给母校、老师、同学各写一封信，表达感激之情，回忆难忘的童年，憧憬美好的未来。

（2）组织编排毕业典礼，邀请家长及学校领导共同见证。

五、评价设计

此次深度学习，我们完成的是一系列智力动作，阅读—内化—激发—表达—创造，从阅读他人的成长手册到激发自己的创作热情，最后到编辑制作自己的成长手册，需要学生回忆自己的故事，并在吸纳他人的经验后加以思考和创造，推动其深入思考。

1. 在第一课时，阅读童年中设计了师评与自评相结合的活动评价表（见表1）。

表 1　阅读童年活动评价

标准	星级		
1. 能够借助批注式阅读理解文本	5 ☆ （　）	4 ☆ （　）	3 ☆ （　）
2. 能够借助思维导图梳理 4 本书的信息	5 ☆ （　）	4 ☆ （　）	3 ☆ （　）
3. 能够使自己的童年记忆与文本产生关联	5 ☆ （　）	4 ☆ （　）	3 ☆ （　）

2. 在第二课时，回忆、分享童年故事中设计了互评与自评相结合的活动评价表（见表 2）。

表 2　分享童年故事活动评价

标准	星级		
1. 能够收集到不同阶段有代表性的照片	5 ☆ （　）	4 ☆ （　）	3 ☆ （　）
2. 能够利用提纲梳理成长过程中的大事	5 ☆ （　）	4 ☆ （　）	3 ☆ （　）
3. 能够较为具体地与同学分享自己成长的故事	5 ☆ （　）	4 ☆ （　）	3 ☆ （　）
4. 在叙述的过程中能够有条理地表达	5 ☆ （　）	4 ☆ （　）	3 ☆ （　）

3. 在第三课时，纪念、感恩童年，完成成长纪念册后设计了自评、师评、家评相结合的活动评价表（见表 3）。

表 3　成长纪念册评价表

标准	星级		
1. 选择事件有纪念性，图文并茂	5 ☆ （　）	4 ☆ （　）	3 ☆ （　）
2. 排版合理，行距适中	5 ☆ （　）	4 ☆ （　）	3 ☆ （　）
3. 情感真挚，语言朴实	5 ☆ （　）	4 ☆ （　）	3 ☆ （　）
4. 设计有新意，制作有创意	5 ☆ （　）	4 ☆ （　）	3 ☆ （　）

附录

教 学 反 思

一整套智力动作是阅读—内化—激发—表达—创造。本次深度学习有四条主线，即外显活动线、习得知识线、内隐能力线、蕴含情感线。

1. 外显活动线

完整参与了一次纪念册的编写，从学习了解到结合自身，进而激起强烈的创作兴趣与愿望，最终在教师的指导下表达出来，在此过程中发挥了学生主观能动性的创造作用。

2. 习得知识线

学习使用思维导图整合信息，利用提纲梳理重点，借助关键词进行演讲，最终习得排版与构图的基本知识。

3. 内隐能力线

学会运用思维导图将相关信息勾连起来，从而帮助自己思考。懂得以提纲的方式梳理回顾一段较长时间的经历。锻炼语言表达能力，将现有材料整合并与他人分享交流。将口头表达能力转化为书面表达的整理、固化能力。能够运用不同的方式进行创造性的表达。

4. 蕴含情感线

感兴趣、渴望、激动、触动、感动，将学生深深地带入了回忆，进而转化为学生未来前行的动力。

第三部分
实践活动反思

一首诗　一块糕　一份情

——《九月九日忆山东兄弟》活动案例

周　艳

　　"独在异乡为异客，每逢佳节倍思亲。遥知兄弟登高处，遍插茱萸少一人。"这首诗是王维在登高节（即重阳节）为抒发思念之情而创作的一首诗。"每逢佳节倍思亲"这句高度概括、凝练的诗句自然质朴，写出了许多在外漂泊游子的感受，因此成为千古绝唱。在教学这首诗时，我结合诗句意思及其传达的情感设计了多个学习活动。

一、理解诗意，了解重阳节习俗

　　"遍插茱萸少一人"的意思是：兄弟们头上插满茱萸，只少我一个人。教学此环节时，学生们心中便产生了疑问：茱萸是什么？为什么插茱萸？这个问题也是我提前预设到的，有了充分的课前准备，讲授起来正是水到渠成。茱萸是一种中草药，和艾草一样具有驱虫祛湿、驱邪消毒的功效。在唐朝的时候，重阳节就已经流行插茱萸了，人们认为这样可以避难消灾，也有许多人会在重阳节时将茱萸戴在身上，以妇女儿童居多。诗人借助插茱萸来抒发内心的孤独与对亲人的思念之情。诗意诗情，学生顺理成章地就理解了。当然，讲到这里，我并没有止步，而是继续为学生讲解了重阳节的其他习俗，以加深学生对传统节日的理解。

　　重阳节是中国的传统文化节日，在我国有着非常悠久的历史。在民间重阳节的时候，人们会有赏菊、登高望远、喝菊花酒、插茱萸、吃重阳糕等一些习俗。

每年重阳节的时候，人们都会去登高，可达到心旷神怡、健身祛病的目的。登高所到之处，没有划一的规定，一般是登高山、登高塔。人们在登高的同时，还可以一边欣赏山上的美景，一边吃着美食。

重阳节也叫"菊花节"，每年重阳节的时候，正是菊花开放的时候。菊是长寿之花，是文人们赞美凌霜不屈的象征。重阳节正值金秋时节，民间经常会举办一些大型的菊花展，吸引着众多游客前来参观，此时携同家人、朋友一同郊游赏菊，好不惬意。

菊花酒在古代被看作重阳必饮、祛灾祈福的"吉祥酒"，因此，重阳节一直保留着饮菊花酒的习俗。人们认为，重阳节时候的菊花酒有延年益寿的功效，所以许多人都非常喜欢在重阳节喝菊花酒。

"糕"和"高"谐音，固有"登高吃糕"，取步步登高的吉祥之意。九月正是桂花盛开的时候，所以重阳糕又称桂花糕、菊糕、五色糕，制作随意，无固定品种。有的地方在重阳糕上插一个小红纸旗，寓意"登高插茱萸"。

二、学做"重阳糕"，表达一片孝心

通过上面的教学环节，学生了解到重阳节有吃重阳糕的习俗，因此，我特地利用综合实践课，带领他们观看了制作重阳糕的视频，并一步一步带领他们制作了重阳糕。学生们从做面饼到卷花瓣，最后用大枣装扮，每一步都很用心，体现了对长辈的关爱。由于蒸煮不方便，所以我让学生们将做好的重阳糕放到盒子里，带回家蒸熟后再送给爷爷、奶奶或姥姥、姥爷，这样既能让做好的糕得到充分的二次醒发，又能送给长辈热腾腾的糕。当天晚上，班级微信群十分热闹，学生纷纷晒出了自己的重阳糕，一句句问候、一张张笑脸反映了学生对节日的感悟、对长辈的敬爱。

三、记录活动过程，感悟活动收获

这次有意义的学习活动，不仅让学生们学习到了相关的知识，了解了中国的传统节日，更让每一个家庭收获了浓浓的亲情与爱意，因此，我指导他们将我们的学习过程记录下来，指导他们进行了写作。

事件的起因：学习诗歌，了解到重阳节的传统习俗。事件的经过：学习制作重阳糕。（重点写制作的过程、自己遇到的困难，以及怎样克服困难等）事件的结果：得到了哪些收获或启示。因为这是学生亲身经历的事情，所以写起来并不困难，很多同学写出了自己的真情实感。无论是做糕过程中的困难，还是送糕时老人的赞赏，都是学生在活动中满满的收获。

学生例文

制作重阳糕

昨天综合课上，老师教我们制作了重阳糕。下课前，老师又叫了几个同学把一个纸箱子搬到教室里，里面装的都是制作重阳糕的材料。老师说："同学们，重阳节快到了，回家仿照我们上课学习的过程，给你们的爷爷、奶奶做一份重阳糕吧！"

回到家，我和妈妈开始制作重阳糕。第一步，和面。可是，我一不小心就把水放多了，妈妈赶快又添了一些面粉，这才把面团揉好。第二步，做花托。我先拿绿色面擀成一个厚一点的圆饼当作花托，然后依次擀几个黄色的面饼，叠放在一起，中间放一颗大枣，从一头卷起，做成玫瑰花的形状。第三步，把重阳糕放到锅里蒸15分钟。重阳糕就做好了。

我们全家分享了重阳糕，还和远在山西的爷爷视频通话，也祝爷爷重阳节快乐。这真是一个快乐的周末。

关于整本书教学活动的一点反思

段　然

　　2020 年新型冠状肺炎疫情期间，我跟随杨老师带学生读冯至的《杜甫传》。我对冯至的了解只是他是一位现代诗人、翻译家，关于他的其他研究我一无所知。杜甫是我国古代文学史上彪炳史册的一位伟大人物，他的诗歌从幼儿园的小朋友到耄耋之年的老人都可以熟练地诵读出来。《语文课程标准》推荐杜甫的诗歌共七篇：小学阶段四篇，即《绝句》（两个黄鹂鸣翠柳）《春夜喜雨》《绝句》（迟日江山丽）《江畔独步寻花》（黄师塔前江水东）；初中阶段三篇，即《望岳》《春望》《茅屋为秋风所破歌》。这么多诗歌，单从题目就可以看出杜甫诗歌题材的多样性、表达情感的不同。应该让学生好好了解一下这位伟大的诗人。而我最初决定带他们读这本书的想法只有一个，文学讲究知人论世，读一读人物传记可以让学生更容易理解诗人创作一些重要作品的背景，进而理解诗人创作所体现出来的情感，更深一层可以理解诗人的性格、情怀，让他们可以更加立体地认识作者。

　　沉郁顿挫是文学史给出的杜甫的诗风特点，但"沉郁顿挫"到底是如何表现的我说不出来，所以准备带学生读这本书之前，我首先买来这本书快速地通读一遍。让我感到略有沮丧的是这本书远不如我想象的容易读，虽然书中叙述杜甫怎样生活、怎样奋斗、怎样发展、怎样创作，并且在他的作品里反映了哪些事物，但如果只是单纯布置任务去读就会让他们觉得索然无味，不容易推进。然而，这次的读书活动是杨老师来设计，我们指导和带领学生推进。杨老师的设计是给学生提供了阅读的框架，选择熟悉的杜甫诗歌在地图上标出他的行踪，通过诗歌发现对杜甫影响重要的人物，结合诗歌的背景、内容想象他们之前的故事，将故事转化成剧本进行表演。这些设计可以说是由浅入深地一步一步走近杜甫，深入了解杜甫。关于杜甫的剧本创作我们没有跟进，前面三项内容切实带着学生们去做。在阅读本书的整个过程中，学生们并没有畏难的情绪，他们明白了杜甫的家风造就了杜甫的性格；古人的"读万卷书，行万里路"更多的是为他们的仕途服务；杜甫和李白之间更多的是杜甫对李白洒脱性格的羡慕；城西七里浣花溪畔朴素简陋的茅屋是中国文学史上的一块圣地，十载长安四年流离，杜甫终于有一个栖身处所，他在这创作出有不同意境的自然风光之美的作品；杜甫的一生际遇悲惨，他的家族观念和崇高的德行，加之灾难和流离失所让他更深刻地体会到百姓的疾苦，创作出反映当时社会状况的流传千古的伟大诗篇。通过读《杜甫传》和杜甫的诗，学生可以理解杜甫诗歌沉郁顿挫的风格。后来，我发现讲《茅屋为秋风所破歌》的时候学生们可以自己来讲，还有学生补充说《楠树为风雨所拔叹》也是同期创作。可见，语文教学中推进整本书教学的意义重大。

2021年应该是整个部编版教材正式使用的第三个年头，因为我们之前一直使用的是人教版教材，所以感觉部编版教材中的大部分文章和人教版教材还是一致的，很多在我读书时的老文章再一次回归，让人欣喜。部编版教材的双向组织更明晰，语文要素和人文主题贯串于每一个单元，每个单元的习作推进逐步深入，最大的变化也是难度大的就是必读书目和拓展书目的推进。这些都是整本书的教学，一方面是时间的问题，另一方面是教师的备课任务重。教师在推进整本书阅读之前恐怕不是读一两遍的问题，对于如何设计、如何给学生提供框架都具有难度。攻坚克难、充实自己、丰富学生是整本书教学需要我们所做的。整本书的阅读不仅局限于教材规定的必读拓展书目，有些优秀的经典文学作品也值得去读，让学生去真正感受道德情操和健康的审美情趣。

虽然有时候感觉整本书教学耗时难度大，但我仍然会带学生读每册教材的必读书目，从学生们的收获和喜悦中与他们共同成长，享受读书的乐趣，感受语文的魅力。

如何做好语文实践活动

马骏杰

做好语文教育的实践工作，就应该将理论紧密地与实践结合在一起，从而达到语文实践的目的。

做好语文实践活动，就是抓好日常教育教学工作。在教育教学方面，我们应该在备课时做到"备教材、备教法、备学生"。在备课时以学生为中心，要用孩子的眼光看待每一篇课文，想一想学生可能会有什么问题、学生可能在哪里出现难点、学生可能在哪里出现易错点，由此才能使教学设计更加充分完美，践行以学生为中心这一根本理念。除此之外，我们也需合理安排课时，合理安排教学时间，根据每一个年段不同的特点进行授课，抓准重点，将重点部分真正讲透。搞好教育，需要的是细致钻研能力。开展教学工作，备课是贯穿于整个教师工作的根本。使用怎样的教法才能使整个教学过程严谨有趣，遇到学生提出的棘手问题如何才能妥善回答，面对学生在学习中的易错点如何才能让他们准确把握，都是开展教学工作的重点。而如何解决好这些问题，都不是一朝一夕可以练就的，需要不断地去学习、去完善。

做好语文实践，我们可以与学生共同阅读一本趣味读物。正如"兴趣是最好的老师"这一观点，学生无法将语文与实践相结合，大多是因为该知识点的学习方法较为枯燥，使学生出现了不想学、不愿学的状态。但如果我们通过找到该知识的趣味点，从趣味点切入进行教学工作，学生就愿意为自己的兴趣而学习，所以我们可以通过让学生阅读相关的趣味读物，如比利时作家乔治特·莱勃伦克根据梅特林克的梦幻剧改编的同名中篇童话《青鸟》、查尔斯·金斯利的《水孩子》等，教师与学生同读一本书，从而更好地去接纳它，乐于学习它。

做好语文实践，我们可以与学生同看和语文相关的趣味视频。在自媒体行业兴起的当下，我们可以发现一些自媒体用户在网络上分享着自己创作的作品，而这些作品多是以一种幽默诙谐且便于理解的方式创作的。这些作品有时间短、趣味性强、便于理解等特点。例如，在进行语文学科的实践活动学习中，我们就可以通过观看拆字的趣味视频、课文图像化的趣味分析、写作语言的风趣讲授来实现。那么，我们除了通过文字产生趣味性，也可以通过视频调动学生的多种感官，通过图像、声音等多重媒介调整他们"不想学"的心理状态。

做好语文实践，教师首先要以身作则运用知识。在面对比较常见、实用性强的内容时，我们可以通过此类办法将学生们不明白、不会用的东西通过实践的方法体现出来。但有些内容偏于长期化现象，抑或实用度不高，在面对学生"不想学"的情况出现时，我们可以尝试在生活中特意加以运用，体现出这种内容的实用性。例如，对于古诗词或者课文的背诵，有些学生不理解为什么要背，背的用处是什么。这时，我们就可以尝试在生活中遇到与古诗词和课文有关的生活场景时加以运用，从而使这些知识能够与生活融会贯通，通过潜移默化的方式让学生感兴趣。因此，通过实践于生活的方法来运用知识，就能使学生愿意去学习不明白的地方，从而消解学生"不想学"心理。

例如，通过部编版教材三年级上册语文课文进行疏导，在《卖火柴的小女孩》一课中，我会将班级风气引向"保护幼小，尊重身边的同学"，使班级整体氛围向和谐友爱的方向发展。在《在牛肚子里的旅行》一课中，我向学生传递"团结友爱，互帮互助"这一理念。在《那一定会很好》一课中，我将"付出就有回报"这一主题教给学生，做到人文主题贯穿于整个教学，在教学中引导班级风气。

此外，在课后我还要询问学生在课上学会了什么、理解了什么，让学生知道日后应该如何与同学相处，并且鼓励学生尝试使用这种方法与班级同学进行交流。在课后，我也会积极与学生家长进行沟通反馈，询问学生在家情况是否有改观，以及是否暴露出新的问题，以便日后继续开展积极的沟通与交流。

由此，我们无论在课堂内还是在课堂外，都可以将语文要素与人文主题一以贯之地结合在一起，实现语文实践活动的开展和巩固。

浅谈小学语文实践活动

韩　旭

语文综合性学习不仅是语文教学改革的热点，更是语文教材改革的难点，其中有许多问题需要我们深入研究、切实解决。在实际教学中，我们对小学语文综合性学习的定位却有诸多困惑。

一、语文综合性学习活动非语文因素的过多介入，课堂没有了语文味

综合性学习究竟是语文学习还是综合性科目学习，一直存在争议。我认为，这个新课型新在强调知识的相互联系，突出知识的综合运用、各科目的联系和跨越，但是我们也不能一味突出联系，而忽略语文综合实践活动课的内涵和外延。

二、有的课堂看似热热闹闹，实则一无所有

语文综合实践活动课的目的是什么？在我看来，语文综合实践课的目的是：认识中华文化的丰厚博大，吸收民族文化智慧，关心当代文化生活，尊重多样文化，吸收人类优秀文化的营养。具体来说，教师要引导学生进入广阔的语文世界，让他们参与活动，重视并鼓励学生在活动中体验、感受、锻炼，让他们被文化吸引而陶醉。

三、对综合实践活动课的教学方式把握不准

怎样做到既不同于平时的阅读教学课、知识传授课那样，也不放任自流，

成为学生的自由学习课呢？我个人认为，学生毕竟还是孩子，我们需要适当帮助引导，具体地说要做到以下几点。

（一）正确引导、发挥小组合作学习

上课时，教师不能为了突出学生的自主性，突出对学生观点的尊重，从而过度降低在课上的作用，忽视了教师的引领作用，忽视了教师转换自己的角色。教师既是课堂的组织者，又是课堂的旁观者，对学生的学习起到了因势利导的作用。教师应充分发挥学生的主体性，倡导小组综合学习。

（二）注意语调的变换，并辅以表情动作，增强学生的学习兴趣

上课时，教师为了做到常教常新，提高教学效果，在教学中要求课课摸索，改进教法，篇篇课后反思小结。我们经常看到，著名评书演员、相声小品演员每场演出都能博得观众的阵阵掌声和笑声，那是因为他们绘声绘色的妙言趣语、惟妙惟肖的声调和动作。给学生上课也是一门艺术，那么我们在给学生上语文课时，何以不能效仿呢？于是，我给学生上课时，努力揣摩和模仿人物的声调语言、面部表情，注意讲课语言的简洁性、生动性，注意调整语言节奏，运用声调的高慢轻重缓急、抑扬顿挫，随时变换面部表情，配以必要的手势动作，吸引学生的注意力，让学生的心情跟随教师讲课的内容而变化，加深他们对课本内容的印象，提高学生的学习兴趣，增强学生对课本内容的理解记忆，教学互动，真正实现语文综合性学习实践活动。

（三）提供参与机会，增强学生的参与意识

在综合学习语文知识时，为了让学生能牢固掌握课本的内容，课堂气氛活跃，学生的学习兴趣得以发展，教师就必须给学生提供参与机会，要让学生成为学习的主人。在课堂教学中，教师要给学生提供独立活动的空间，让每个学生都有参与活动的机会，在生活中有一块属于自己的天地，能体现自我。

（四）重视实践，让学生回到生活中

课题源自生活，生活赋予情感，而我们的生活来源于实践，因此在我们的语文综合实践里重视实践、体验生活是必不可少的。我们的知识来源于生活，也应该用于生活，所以我们在生活中要学会选择不同的适合自己的方法表达情感，对父母的爱当然也要表达出来。这时，组织学生分组讨论选择汇报的方式方法，如口语方法中的唱歌、背诗、说话、朗读，书面方法中的画画、写信、习作（日记），通过这样的活动帮助学生懂得自己的成长离不开父母的付出，引导他们珍惜现有的良好生活环境和学习环境，增强他们对家庭的责任感。学生们通过本次综合实践活动的学习也都有收获，纷纷表示在今后的生活中一定要以实际行动去孝敬父母和学会感恩。可见，只有立于生活，我们的综合实践才能满足学生的要求，激发他们探究的积极性，给他们以学习的动力。

"邀月吟诗"微班会反思

王程程

为了让学生欣赏、吟诵更多经典的古诗，激发他们学习中华传统文化的兴趣，恰逢国庆、中秋双节来临，班里开展了以"邀月吟诗"为主题的微班会。

这次微班会的内容以经典古诗词为主，活动形式包括古诗配乐朗诵、古诗表演、书法展示、飞花令、舞蹈等。多样的形式调动了学生学习古诗、参与班级活动的积极性，受到学生的热情欢迎，也获得了家长们的一致好评。

在这次微班会之前，我就发现班里有一部分学生虽然成绩不突出，但是书法、朗诵、表演能力都很不错，只是因为没有机会展示，缺乏获得肯定的平台，一直对班级活动不太积极，也造成学习上缺乏动力，不爱发言，不喜欢展示自己。因此，这学期我就计划开展多种形式的活动发挥他们的特长，激发他们参与集体活动的热情，增强自信心。

在我布置表演任务的时候，明显感到有几个学生露出了忐忑的眼神，好像在问"老师怎么会选我？""我行吗？"这些心理活动满满地写在学生的脸上。那一刻，我坚信我的选择是对的，我的初衷就是尽可能地让每一个学生在小学这个阳光满布的时期成为更好的自己。

微班会得到学生和家长们的大力配合。从服装道具、配乐到排练，大家都默默地在背后付出着，所以微班会最后取得圆满成功，成为学生珍贵的回忆。

让我没想到的是在微班会的带动下，学生和我的距离更近了，我也欣喜地发现班里有那么多温暖的点滴。

一次编织课结束后，我正在盛饭，一只小手伸过来，一根小小的彩绳手环被紧紧地捏在指间，一个男孩说："老师，给你。"他是一个平时不太多表现的男孩，几秒后我才反应过来，赶紧收下并说声"谢谢"。真好，学生的世界有时真的会给我们成年人太多感动，尤其是那份简单而温暖的小小心意。

自从 11 月因 2 斤多的剩菜差距惜败"光盘行动"，没有进入"光盘行动"年级前百分之三十，班里的男孩子们鼓足了劲儿要赢一次。我每次找学生解决剩下的蔬菜，如青菜、冬瓜、西葫芦、洋葱等，许多男孩子总是一种见义勇为的姿态，挺身而出。这就是一个孩子的样子，也只有孩子才会如此简单、坦荡。平时，我还不忘要多嘱咐："心意我都领了，吃饱就行了，真别撑着了。"

上托管班的几个学生每天放学后都会在班里做值日。日复一日，学生不但每天坚持，还把比较哪组垃圾多、谁能倒垃圾当成趣事。这就是一个孩子的样子，不计较得失，能让一件小事像花儿一样绽放。

校足球赛的那个中午，我建议学生商量一下比赛策略。吃完饭男队的几个小家伙真的躲到了一个角落开始认真策划，还写在了一张纸上，而且还有一个专门站岗的防止其他班来偷听。下午比赛上场前，上半场的 5 名队员还一起鼓劲加油了，那一刻小伙子们忘记了平时的小摩擦，也没有谁表现出大男子主义，真的做到了我告诉他们的"没有我，没有你，只有我们"。

一次盛饭的时候，学生兴奋地排队等着吃炒面。我系好围裙，戴好帽子，怎么都找不到口罩，明明记得在口袋里的。我在排队的学生面前一边找一边说："我的口罩怎么不见了？明明带了呀。"1 分钟左右，实在找不到，我让排在第一位的学生去办公室桌子上找找。小伙子转身的时候，我突然摸到挂在下巴上的口罩，学生也终于明白过来，教室里笑成一片。

开学近 4 个月，在每天的校园生活中我很欣慰地看到很多学生已经慢慢地有了自己的定位。有的是组长，负责组内的收作业、记号、抽背课文、值日等事情；有的是课代表，认真完成老师安排的各项工作。无论是组长、课代表，还是值日生，孩子们认真负责，忙碌但充实而快乐。

这次的微班会也许让学生看到了我的付出，也许让学生发现了一个新世界。润物无声，我想，最好的教育还是来自教师的陪伴、信任、支持、倾听和无私的爱，这些不但是学生成长的助力，更是他们奋斗的动力。在这期间，学生们得到了成长，更重要的是教师也能更好地发现学生的闪光点，更能感受到这份工作的幸福！

走在教师路上十余载，希望自己不忘初心，让每一天每一个回忆都能吟诵成诗！

知道·懂得·传承

朴英兰

2014 年，教育部颁布《完善中华优秀传统文化教育指导纲要》，为开展中华优秀传统文化教育提供了基本依据。2017 年，中共中央办公厅和国务院办公厅印发《关于实施中华优秀传统文化传承发展工程的意见》，进一步明确了中华优秀传统文化教育的发展方向。习近平总书记在中国共产党第十九次全国代表大会上的报告中指出，要深入挖掘中华优秀传统文化蕴含的思想观念、人文精神、道德规范，结合时代要求继承创新，让中华文化展现出永久魅力和时代风采。

语言文字是人类最重要的交际工具和信息载体，是人类文化的重要组成部分。语文学习的过程本身也是人的文化进程。重视中华民族优秀文化的传承，培养民族文化的认同感和文化选择能力是时代对语文课程的要求。语文课程对继承和弘扬中华民族优秀文化传统和革命传统，增强民族文化认同感，增强民族凝聚力和创造力，具有不可替代的优势。

部编版教材涉及中华传统文化的内容比比皆是，古诗词、文言文、传统文化常识等。例如，一年级下册中的《姓氏歌》让学生了解百家姓的内容与书写要点；二年级下册中的《语文园地七》"日积月累"向学生介绍《二十四节气歌》；一年级下册中的《端午粽》、二年级下册中的《千人糕》《中国美食》向学生介绍了不同节日的不同饮食特点；三年级下册第三单元安排"中华传统节日"的综合性学习活动，使学生较为系统地理解与掌握丰富多彩的节日文化。

在教学实践中，要想使常识性的传统文化生根发芽、得到继承发扬，需要通过各种各样的语文活动将其运用与传承，学生只有将积累的各种传统文化知识转化为一定的技能技巧，并在实践中创新、在实际中感悟，才能真正体会到传统文化的历久弥新，因此教师在教学中要积极开展各种与传统文化有关的活动，鼓励学生积极参与，将所学知识在活动中体现出来，并且指导学生学会用语文的方法观察记录传统文化与日常生活的联系，做到在生活中感悟传统文化。

下面提供以"过年"为主题的活动设计方案。活动整体框架见表1。

表1 "过年"主题活动整体框架

活动框架	活动内容	预期成果
知道：寻过年之源 赏民俗之趣	1. 背：回顾《二十四节气歌》	春节宣传栏
	2. 看：展览、纪录片	
	3. 读：绘本阅读	
	4. 做：图说春节	
懂得：品过年之情	1. 问：采访长辈	春节访谈录
	2. 读：整本书阅读	
	3. 比：多元过年方式	春节工作表
	4. 理：来年的春节计划	
传承：抒过年之感	1. 做：制作中国结、剪窗花	春节影像志
	2. 写：参与活动的经过或过年时最高兴的事	
	3. 记：结合工作表记录春节	春节展示会
	4. 展：为低年级学弟、学妹介绍春节	

具体设计如下：

板块一：知道，寻过年之源、赏民俗之趣。

（1）背——《二十四节气歌》，回顾关于节气的简单知识。

（2）看——如参观首都博物馆"京城旧事·老北京民俗展"或北京民俗

博物馆，了解老北京的风俗。观看纪录片《春节》等。

（3）读——推荐阅读春节习俗绘本，如《过年啦》《团圆》《年》《春节》。

（4）做——进行过年习俗的梳理，完成"春节宣传栏"——图说春节（什么时候、做什么、有哪些民间俗语……）

板块二：懂得，品过年之情。

（1）问——采访长辈，了解过年故事、传说或习俗等。访谈记录见表2。

表2 访谈记录

访谈对象		访谈时间		访谈地点	
访谈形式					
访谈主题					
访谈提纲					
访谈记录					
总结					
采访者签名			被访者签名		

（2）整本阅读《小水的除夕》。

集中研讨：

快要过年了。

①找出文中表现年味的语段读一读。

②说说过年的习俗，写一段表现年味的文字。

我在路上等爸爸。

③找出描写除夕厨房的语段读一读。

④你家怎么贴对联的？再收集3副对联，并写下你对3副对联的品读

赏析。

⑤你们家过年都做了哪些准备，选择一两件感受深的事说一说。

（3）比——对比新旧习俗，感受变化，感受时代的发展、日趋多元的过年方式。

（4）理——制作春节工作表。（我家今年过春节打算做什么事，人员的分工是怎样的，尤其是我在过年时做哪些事，承担哪些职责）

板块三：传承，抒过年之感。

（1）做——与综合学科整合，学习中国结的基本编织技法，制作中国结；学习剪纸的基本方法，创作剪纸作品。

（2）写——过年时我最高兴的事或印象最深的事。

（3）记——进一步完善日志，编制《我的过年影像纪》（可以用照片、文字、日志等多种形式记录与呈现）

（4）展——综合整理相关资料布展，向低年级学弟、学妹介绍春节。

我们在教学实践中应充分挖掘传统节日文化内涵，与语文听说读写实践活动相结合，以节日文化丰富语文实践活动，以语文实践活动充实节日文化，真正让中国的传统节日在学生们的心中生根、发芽。

指导"亲子阅读"，培养小学中年级
学生的课外阅读兴趣

葛 岩

一、问题的提出

《语文课程标准》规定小学六年课外阅读总量应在 145 万字以上。其中，第二学段（3～4 年级）阅读量的要求：养成读书看报的习惯，收藏并与同学交流图书资料。课外阅读总量不少于 40 万字。可见，《语文课程标准》十分重视学生的课外阅读。

多年从事一线教学的我感到，语文教材中篇篇精选出来的课文固然能引导学生从文学的角度去理解文章，但是在量上是远远不够的。这就需要我们把语文学习延伸到课堂之外——让学生进行课外阅读。叶圣陶先生说过"课文无非是例子"。我们应该从这例子出发，把它当作开启知识宝库的钥匙，有效指导孩子们进行广泛的课外阅读，在浩瀚的书海中为他们导航，激发课外阅读的兴趣，培养良好的阅读习惯，以课外阅读促课内学习，从而达到全面发展学生的听说读写能力的目的。

但是，目前小学生的课外阅读情况又如何呢？在平时工作中，通过与学生的接触，我发现小学生中普遍存在着"三多三少"的现象，即看动画片、上网玩游戏的多，能静下心来读书的少；爱看漫画书的多，读文学作品的少；读书看热闹的多，深入领悟的少。许多家长在与教师的交流中流露出这样的担忧："孩子周末在家写作业还可以，就是不爱看课外书……"总之，无论是教师还是家长，都感受到孩子与书本的距离越来越远了。

能否有一种方法既能激发学生的课外阅读兴趣，又可以拉近他们与家长之间的距离呢？鉴于以上的思考，我开始进行"指导'亲子阅读'，培养小学中年级学生的课外阅读兴趣"的研究。

二、关键概念的理解

（一）亲子阅读

"亲子阅读"，顾名思义，就是家长与孩子一起读书，在阅读的过程中共同分享读书的经验与乐趣。我想："如果能把学校、家庭紧密地结合在一起，有效地开展阅读活动，一定会促进学生的课外阅读兴趣。"

（二）课外阅读兴趣

课堂以外的一切阅读行为都可称为课外阅读。"课外阅读兴趣"是指学生积极主动地阅读课外读物的心理倾向。它可以反映少年儿童在兴趣爱好选择上的个性，对其今后发展、定向并形成某种特定的知识结构和能力优势是十分必要的。心理学研究发现：9～13 岁这一年龄段是儿童读书最盛的时期。

三、有效进行亲子阅读

"亲子阅读"的目的，不是要将孩子培养成天才，也不是要将孩子快乐的童年时光变成读书认字的课堂，而是要在亲子阅读中加强对家长的指导，培养孩子对阅读的兴趣，从而爱上阅读，使其成为快乐生活的一部分，促使其自觉地、独立地阅读，让阅读成为一件有兴趣的事情。

我认为，可以将"孩子的第一任老师"——家长动员起来，使其树立有效培养儿童阅读兴趣的理念，借助精心筛选出的优秀图书，使用"分享阅读"的先进方法，指导、帮助家长与孩子一起读书，共同营造良好的家庭读书氛围，让亲子阅读成为一种生活方式，使家庭生活更加温馨与文明；引领孩子们走进书的世界，在阅读中体会汉语的美、体会创造的愉悦，体会学习的乐趣，进而激发学生课外阅读的兴趣，培养良好的阅读习惯，以课外阅读促课内学习，从而提高学生的语文素养。

具体指导如下。

（一）明确目标

研究初期，我向学生宣讲了"亲子阅读"的活动思路，使学生对"亲子阅读"有了一定的了解。学生们听了以后对此感觉很新鲜，并表示要积极参加这项活动。之后，我又向家长发放了亲子阅读倡议书，以书信的方式将这一活动向家长做了具体的说明。

（二）具体指导

在明确了目标之后，首先，指导学生、家长共同制订亲子阅读计划。因为是初次尝试制订阅读计划，所以我没有提出过高的要求，只要在计划中写出要阅读的书目及如何分配阅读时间即可。其中，阅读书目要根据个人的阅读水平、爱好等确定，可多可少，不搞"一刀切"。同时，我还将前期准备工作中搜集整理的书目作为参考向家长、学生进行了推荐。

其次，指导学生做好阅读记录。我要求学生准备两样东西：一是读书摘记本，学生可以在平时的阅读中随时记录自己的收获。除了每次记录时要有时间、读物名称、摘记内容，其他内容是不拘一格的，可以摘抄佳词妙句，也可以摘抄精彩片段；二是文件夹，用来收集学生一周内的最佳阅读记录。周末，学生将自己一周内的读书收获带回家与家长一起赏析、分享，并与家长一起将最满意的内容记录在老师发的"亲子阅读记录表"中，放在文件夹里。在我的建议下，学生还为自己的文件夹设计了漂亮的封面，并起了具有个性的名字，如"阅读与欣赏""滴水集""阅海珍集""语海采珠集""词句银行""小鸡觅食""文学列车"等。

在这一过程中，我还时常向学生介绍有效的阅读方法，指导学生掌握做读书笔记的要领，同时向学生家长发放了一些有利于指导学生阅读或转变读书理念的材料。

（三）营造环境

1. 收集阅读名言

我们每周利用下午红领巾广播之前的 10 分钟时间在班里交流。学生把大家认为非常精彩的名言写出来，贴在教室里。这样，既营造了书香班级的环境，也帮助学生从不同角度认识了阅读的意义。

2. 设立班级图书角

号召学生每人捐 2~3 本课外书，包好书皮并在书皮上写一句自创的读书感言或爱书提示。教师将从学生自创的感言中挑选出精彩的内容，打印出来，张贴在图书角内，供大家互勉。建立图书借阅制度，专人专责，定期在班中开展图书借阅。

3. 把握阅读时机

教师通过固定读书时间，为学生尽可能多地提供课外阅读的机会，确保学生有足够多的时间与课外书接触。固定读书时间是指教师通过精心安排以确保学生每天、每周、每月都有相对稳定的读书时间。每天固定读书的时间是中午广播后的 20 分钟，每月有固定的去学校图书馆的看书时间。

4. 交流评价

每周，教师都要把"亲子阅读记录表"收上来，了解情况后再及时地反馈给学生，随时将自己对亲子阅读情况的感受写在记录表上，利用班会的时间把学生摘抄的精彩篇章、段落和学生家长写的赏析内容念给学生听。每次，他们都听得十分认真。

为了充分发挥学生的积极性，班里定期举办阅读交流会。阅读交流是学生互相交流读书心得、介绍读书方法、推介新书的重要途径。交流活动中，学生在推荐的小主持人的主持下，用自己喜欢的方式向同学推介自己喜欢的图书。他们或讲或演，或知识竞赛或总结表彰，形式多样，活泼有序。通过交流，学生不仅互相学习、共同进步，还巩固了课外阅读的成果。

教师组织学生开展了《课外阅读手抄报》的展评活动。在活动中，以手抄报为载体，学生将自己一段时间以来读书的收获进行展示、交流，增进同学之间的了解，激发更浓的读书兴趣。

教师在家长会总结"亲子阅读"活动的进展。一些学生家长将自己在指导孩子进行亲子阅读的感受写了出来，教师将其中的部分精彩内容进行了摘录、整理，印发给每一位学生家长，共同分享亲子阅读的苦与乐。

四、开展"亲子阅读"取得的成绩

从学生与家长的反馈中不难看出，经过近一学期"亲子阅读"活动，的确显现出了一定的作用，概括起来有以下几点。

（一）"亲子阅读"拓宽了视野，提高了能力

通过大量的课外阅读，学生增长了课外知识，不仅补充了课内所学，还发展了个人的兴趣和爱好。同时，在进行课外阅读的过程中，学生的分析能力、理解能力、欣赏能力、写作能力等均有提高。

（二）"亲子阅读"激发了兴趣，陶冶了情操

每周一的借阅时间，学生都迫不及待地来到图书角，把图书角围得水泄不通；午休时间，学生在互相影响下静静地读书。渐渐地，班级形成了良好的读书氛围。学生也在不知不觉地发生着变化：课间，追跑打闹的现象少了，读书的身影多了。只要到阅览室，学生手里总要拿着笔和摘记本，"不动笔墨不读书"已经成为学生的自觉行为。不少学生开始喜欢读书，并从中体会到了乐趣，有的还从文章中悟出了做人的道理。

（三）"亲子阅读"密切了交流，增进了感情，拉近了学生、家长、文本之间的距离

通过一学期的"亲子阅读"活动，学生家长与孩子的关系更融洽了，沟通更简单了，对孩子更理解了。学生课外知识丰富的同时，学生家长也有提高，通过学生对文章的感受和理解了解他们的想法，知道他们的兴趣所在、问题所在，能正确引导孩子、帮助孩子。

亲子阅读不仅是一种读书形式，更多的是一种观念。父母只有树立了这样的观念，才能留心、用心，把亲子阅读融入日常生活，而这正是最重要的。

亲子阅读也不仅是对知识的学习，而是要以图书和阅读作为媒介，通过与孩子更积极的对话，使父母检视自己的过去，加深对人生的感悟，与孩子一起成长，在这一过程中逐步建立良好的亲子关系。

亲子阅读更是一项长期的"工作"，只要能坚持下去，学生一定会在潜移默化中对读书产生浓厚的兴趣、养成良好的阅读习惯。

练以求精　习以求恒

李媛媛

汉字是美的，在我国的历史长河中，涌现过许许多多的书法家。自古也有"字如其人"的说法，文学家扬雄更是说："书，心画也。"可见，写字的好坏对一个人来说，有多重要。

《语文课程标准》也从第一学段到第四学段，对写字教学始终有非常明确的要求，从写字姿势和写字习惯的培养，到写字技能的要求，再到审美情趣的培养都做了详尽的安排。回顾一年多来的教学工作，我对本班学生书写习惯的习得进行了反思。

一、写好字的开端——纠正执笔姿势

要想写出一手好字，首先要有正确的执笔姿势。入学前，学生或多或少都拿笔写过字、画过画，但很多家长并没有把执笔姿势看得很重要，只要学生能写、能画就好。可执笔姿势不正确，学生手部力量不足，控制力不好，手容易疲劳，字自然写不好。因此，纠正执笔姿势，也成了入学第一课的必备内容。在教授正确执笔姿势的同时，我将执笔姿势编成小儿歌，让每个学生熟记于心，每次拿笔前，都要先背一背这首小儿歌：

食指拇指捏着，

中指下面托着，

四指五指藏着，

笔尖向前斜着，

笔杆虎口靠着。

二、写好字的基础——正确的写字姿势

正确的执笔姿势，是写好字的第一步，第二步就是要养成良好的写字姿势。学生在写字时容易出现写着写着头就低下去的情况。在班里集中时间书写时，我让学生写前背诵写字姿势小儿歌：

三个"一"要牢记，

眼离书本一尺远，

胸离桌子一拳远，

手离笔尖一寸远。

在学生刚刚入学第一学期的课堂上，我从最初的每隔 2～3 分钟提醒一次，"注意三个一，腰立直，头抬高……"，到后来每隔 5 分钟、10 分钟、15 分钟提醒一次，让学生在写字过程中慢慢养成正确、良好的姿势，为写好一手字、保护视力打下基础。

三、写好字的关键——认真观察字形

古人曾说："察之尚精，拟之尚似。"意思是观察范字越精细越好，模仿范字越相似越好。可见，精细地观察范字是写好字的首要条件。因此，写字前，我会给学生充分的观察范字的时间，之后进行同桌交流、小组交流、全班交流，慢慢养成写字之前观察范字的习惯。这样，他们对所写之字的笔画姿势、结构特点有一个整体的印象，书写起来就能做到心中有数。

四、教师示范很关键

著名教育家陶行知先生曾说过"学高为师，身正为范"，要想让学生写出一手好字，教师的示范作用也是必不可少的，所以在课上我只要落笔，就做到书写规范、正确、美观，让学生欣赏范字的同时，对写好汉字产生欲望，从而激发学生的内部动力。

五、小小比赛促发展

比赛是现在学生比较喜欢的一种方式。小学低年级学生生性好动，好胜

心强，荣誉感强，总是渴望自己的成功能得到大家的肯定。我针对学生这一心理特点，每学期都会举办班级书写比赛，请家长进行不记名投票，评选出优秀作品，并将所有作品进行展示，互相欣赏、互相学习。

六、学生自审视互评赏

爱美之心，人皆有之，人们总是喜欢追求所有美好的事物。我经常让学生自评、互评。当学生看到同学的一手好字时，就会喜欢多看，喜欢继续看下去；当学生看到同学的字歪歪扭扭时，就没有继续看下去的欲望，就会主动要求改正或被要求改正。这样，自评和互评后，学生看到了差距，主动性就会增强。

七、家校联手齐抓共管

除在课堂上对学生加强指导、练习外，我及时跟家长沟通，请家长在家积极配合，不断地提醒孩子在写作业、练字时都保持正确的写字姿势和握笔姿势。这样，家校的齐抓共管使学生写字的习惯得以巩固、学生习字收到良好的效果。

良好的写字习惯的培养是一个长期而艰苦的过程，也是磨炼学生意志、性格、品质的过程。美国心理学家威廉詹姆士说："播下一个行动，收获一种习惯；播下一种习惯，收获一种性格；播下一种性格，收获一种命运。"对此，我从自身，从一切为了学生的全面发展，从严、从实、从点滴抓起，抓住小学生写字的最佳时期，使他们养成良好的写字习惯。

依托教材创情境　巧借方法读文章

——以《黄山奇石》一课为例

尹晨妍

部编版教材已经使用数年之久了，书中的每一篇课文都是各位专家精心揣摩选取的经典之作，如何体会到编者的用心，抓住教材的双线特点，让每篇文章都有助于学生语文素养的发展，正是笔者等一线教师需要努力探究的。二年级上册"家乡"这一单元，文章内容由古至今、跨越神州介绍了祖国的大好河山，包含了许多精彩词句，意在帮助学生提高语言的建构与应用能力。同时，编者也希望通过文章激发学生对祖国大地的热爱，增强民族自信心。但是，鉴于学生是第一次接触绘景的文章，且写景文章中的词句比较抽象生涩，这也使得文章的学习难度比较大。在教学中，笔者注重联系生活并展开想象，让学生理解词句。在课上，笔者还设计了情境活动，调动学生的学习热情，下面以《黄山奇石》一课为例进行总结。

一、忆生活解词之意

在课堂设计时，首先要关注的就是教参中的教学重点、难点及编者特意为我们准备的提示，如在本文中就有如下学习提示：借助生活和前后文理解词语。针对这一要求，教学设计时也有了相应的体现。

生齐读短语：陡峭的山峰。

教师：你们觉得陡峭的山峰是什么样子的？可以在插图中指一指，也可以联系你的生活在黑板上画一画。你是怎么理解"陡峭"的含义的。

学生：我在爬山时看到直上直下的山了，知道那就是"陡峭"的意思。

教师：你可真会学习，联系自己的生活说出了词语的含义。

学生基本都有爬山的经历，他们很轻松地就可以说出词语的含义。在这里，笔者关注的不单是词语的理解，还有更重要的部分——方法的总结。教参和书中有很多学习方法的提示，如果只是枯燥地讲解，学生非但没有兴趣，也不会运用。但当学生在不知不觉中运用了某种学习方法后，教师进行总结，就可以让他们对学习方法有更生动的理解，记住这种思维模式，并将其运用到以后的学习中。

二、借想象品句之美

在进行教学之前，笔者对班级学生以问卷和访谈形式进行了学情调研。经过一年的学习，学生已经可以做到自己完整地观察汉字并书写。通过调查，不难发现学生可以将一类字写对并能做到比较规范。但是，很多学生对"神奇秀丽""翻滚的云海"及各种奇石名字表示不太理解。这些词语主要都运用在景物的描写中，离学生生活较远。同时，这些词语都是书面语，学生在生活中较少使用。

同时，笔者也对学生进行了提问：你去过什么地方、哪些地方的景物令你感到特别神奇。学生去过的地方很多，但是大部分回答都是对人工景观的感叹，很少有对自然美景的欣赏。笔者认为，缺乏生活经验，不会展开想象去发现美、欣赏美是造成学生对奇石名字没有感触的问题源头。

在课堂教学中，笔者以从带着学生想象到鼓励学生自主想象为法，帮助他们理解奇石的名字，如在学习第二段关于"仙桃石"的描写时，课件还出示了文中其他包含"仙"字的石头名称，学生一并进行了认读。之后，我们有了如下的教学片段。

教师：读了这些词语，你对黄山奇石有什么感觉？

学生：这些名字让我感觉好神奇啊，特别梦幻。

教师：自己再读课文，和同桌说一说"仙桃石"到底神奇在哪里？

学生1：它的形状像一个桃子，好有意思啊。（形状奇）

学生2：从天上落下来的大桃子，没准是王母娘娘开蟠桃会时留下来的呢。（来源奇）

学生3：它怎么那么巧就落在石盘上呢？差一点点可就掉到山崖底下去了。（动作奇）

教师：听，这些同学展开了想象，让我们体会到仙桃石可真神奇啊。现在请你们自读三、四、五自然段，选择最喜欢的一种石头，说说它哪里最神奇。

句式：我认为……最神奇，因为……

"仙"一字在我国的语言文化里充满了神化色彩，因此把这些石头的"仙名"放在一起学习，既帮助学生巩固了生字，也让他们感受到了奇石的"特别"与"梦幻"。在教师的引导下，学生读文章、看图片。通过教师动情的引导和最初几位学生抛砖引玉的解说，越来越多的同学开始对"仙桃石"有了自己的理解。同学们设想石头的来源、形状、经历，越思考越觉得妙趣横生，不断发现奇石的精妙之处。同时，这也为接下来学生自己总结奇石的"奇妙"做铺垫。在打开了学生想象的大门之后，他们自己去品味黄山奇石的"奇"之所在，通过想象来理解课文，体现了帮一扶一放的过程。

展开想象和联系生活是本课比较有特点的理解词语和文章的学习方法。除了这两种方法以外，课堂上笔者还采用了借助近义词、做动作等方式帮助学生理解词语、句子。

三、设情境激生之趣

看图片欣赏美景、配乐朗读是现今语文课堂教学常用的教学方法。这些方法能给学生带来直观的体会，也有助于激发学生的学习兴趣，达成学习目标。但是，过多地利用多媒体也容易分散学生的注意力，压缩了学生的想象空间，显得华而不实。语文教学要设计完整的活动情境、真实的任务，让学生去探索。在本课教学设计中，笔者结合课后习题，以"笑笑同学到黄山旅游"为主题设计了真实的学习情境，学习情境内安排了不同的任务。

任务1：笑笑给黄山奇石拍了很多照片，她想给这些照片贴上标签，你能帮帮她吗？

教师：你是怎样迅速地给奇石标好名字的？

学生：奇石长成什么样，它就叫什么名字。

教师：是的，奇石因形得名，作者也在文中用到了"好像""真像"。

任务2：笑笑还有几幅黄山奇石的图片，让我们一起猜猜它们的名字吧。每个小组选择一幅图片，像书中一样介绍一下这些奇石。

……好像……，真像……

任务3：笑笑要开始写旅行日记了，你能帮她打个草稿吗？借助书后的词语先介绍一下黄山，再选择一块你最喜欢的奇石说一说。

三个任务是有梯度的。在学生读完课文后，再次观看图片并给图片上的奇石找到相应的标签。奇石的名字中包含很多本课生字，这一任务起到了复现字词的作用。同时，学生通过想象已经充分了解了奇石因形定名的特点，并且发现作者多次运用"好像""真像"来描写奇石的写作特点。于是，笔者又设计了情境中的任务二，让学生尝试仿说，提升语言建构能力。最后的任务是将课后两个题目相结合，此时学生需要描述的内容更加复杂了，除要包括上一任务中对奇石描述的内容以外，还要加入对黄山的介绍。学生想要完成挑战，不但需要仿说句子，更要理解和运用课后补充的词语。整个情境设计贴近学生生活，学生会不自主地把自己带入进去，仿佛他们就是正在旅游的笑笑。更重要的是，三个任务紧紧依托课后题目，在调动学生积极性的同时，也完成了课本的要求。

小学生诵读古诗文的必要性及策略的几点思考

白　雪

　　因为常常在书海中漫步遐思，所以耳濡目染地对学习和传承中华经典文化情有独钟了。中华民族悠悠五千年的历史，给后代留下了博大精深的中华文化。经典古诗文是中华文化百花园中的一枝奇葩。翻开《中华古诗文读本》，李白的飘逸潇洒，岳飞的怨愤沉郁，孔子的恣肆，范仲淹的飘逸豪迈……他们棱角鲜明的性格被后人津津乐道地谈及。优美的唐诗宋词、脍炙人口的名句格言……莘莘学子哪个不为之心动，哪个不款款吟诵。面对如此博大精深的文化宝藏，作为新世纪的教师，传承中国传统文化是义不容辞而迫在眉睫的。

一、小学阶段诵读经典古诗文的必要性

　　诵读古诗文，是让民族精神的血液在一代一代人身上流淌，是激活传统、继往开来的有力之举。教学大纲第一次明确规定背诵古诗文的篇数（小学阶段背诵优秀诗文不少于 160 篇，含课文），并在大纲后面附有古诗背诵推荐篇目 80 首。高考语文科目《考试说明》表明：高考文言文的考察更加突出，其中多年未曾在高考中露面的名言名篇默写和古文翻译将再次出现在试题中，同时新增古文鉴赏试题。可见，诵读经典诗文极其重要。

　　国学大师季羡林说过，西方有人认为中国到 21 世纪初叶将成为经济大国，甚至是军事大国，其实中国从本质上说是一个文化大国，最有可能对人类文明做出贡献的是中国文化，21 世纪将是中国文化的世纪。要无愧于这样

的光荣使命，不只是我们这一代人要努力，也要让孩子从小受到传统文化的滋养，继承我们民族的优秀品格。

余秋雨说："让每一位孩子成为一个有中国文化特色的中国人；一个人读书足够多时可以承载一切；腹有诗书气自华。"

二、现状调查

凭着一份做教师的责任和自身对中华文化的酷爱，我在所教的班级中有计划、有步骤地开展"师生共读古诗文"活动。我们的课堂呈现了"沉舟侧畔千帆过，病树前头万木春"的繁荣景象。

从学生用稚嫩的声音朗诵"鹅、鹅、鹅，曲项向天歌"，到声情并茂地吟诵"留连戏蝶时时舞，自在娇莺恰恰啼"；从李清照的"生当作人杰，死亦为鬼雄"到"知否知否，应是绿肥红瘦"；从苏轼的"横看成岭侧成峰，远近高低各不同"，到"大江东去浪淘尽，千古风流人物，故垒西边人道是，三国周郎赤壁"。学生畅游在中华古诗词的海洋里，吟唱着、诵读着。每天早晨那习惯成自然的诵读成了班级一道独特的风景线。就这样，我遵循由浅入深、由易到难的原则，选取从上古至而今的诗、词，古今格言警句、成语寓言，让学生朗读背诵。

目前，小学生学习任务繁重，加上家长工作繁忙，50%的家长从来没有和学生一起诵读过古诗文，古诗文扩展教学的内容大多要靠学生自己挤时间在学校完成。因此，调动学生的积极性，培养学生自学的兴趣非常重要。

三、诵读经典古诗文的对策研究

新课程改革特别强调：教学应"注意诵读过程中体验情感，领悟内容，培养语感"。今天的学生要通过文字了解古诗文作者融化其间的情感和意思，自然要经历一个识别符号和还原及转译的过程，因此，学习古诗文的关键就是诵读。诵读既是一个理解和表达的过程，又是一个审美的过程。那么，如何使儿童在小学阶段背诵与积累更多的古诗呢？

（一）举一反三，学会自主学习

以教材出现的古诗为重点辐射，连带出其他相关的古诗来学习。例如，教学叶绍翁的《游园不值》时引出贾岛的《题李凝幽居》《寻隐者不遇》《雪夜访戴不遇》。另外，让学生根据自己的兴趣，选择一位喜欢的诗人，利用中午 5 分钟的时间，介绍他的生平及经历。例如，我们学了李清照的《如梦令》，学生就找来她的资料给大家介绍，从而了解了她一生的坎坷及后期的国破家亡，所以再读起《如梦令》的时候，学生的理解就更深刻了。同时，教师又引入了她的早期作品另一首《如梦令》，与其进行比较，这样有利于学生对作品的理解和品读，接着顺势让学生赏读《一剪梅》《声声慢》，这样学生的知识面扩大了，也初步了解了李清照词的婉约风格。

（二）学生担当小老师，别有洞天

讲授杜甫的《江畔独步寻花》一课时，让学生来当小老师。课堂上，让我惊讶的是气氛空前活跃，台上台下共同讨论和切磋。教师适当协助把关、精心备课，达到互相激励和自我教育的目的。同学们拿着资料，落落大方地站在讲台上，先范读，让同学听准读音，然后讲道："这首诗的作者杜甫，是唐朝很有名的诗人，被称为'诗圣'。今天我们学习的《江畔独步寻花》描绘的是一幅什么样的画面呢？请听我再配乐朗读一遍，请一边听一边想象画面，然后把你想象的景象讲给大家听。"一个学生说："杜甫一个人去散步，看到黄四娘家的花很多，把枝条都压弯了，还有蝴蝶在上边翩翩飞舞，自在的黄莺也在唱歌。"学生情不自禁地想象到那五颜六色的花朵、翩翩飞舞的蝴蝶、嬉闹的黄莺……瞧！她的教学方法多好！一开头就让大家在优美的意境中自由遐想。

（三）采取多样的吟诵形式，激发兴趣

主要采用诗配画和诗配乐的形式。让学生在自学的过程中，挑选自己喜欢的作品配上想象的画面，同时吸引其他学生来学习。谁学会了，就在诗上留下同学的名字，再开展竞赛，看谁选择的诗最受欢迎。另外，还让学生用演唱的形式来唱诗，如有的学生用《郊游》来唱《悯农》，用《春天在哪里》唱《逢雪宿芙蓉山主人》，用《蜗牛与黄鹂鸟》来唱《清明》，用《小星星》唱《浪淘沙》……另外，很多经典古诗文本身就已谱写成曲，成为吟唱的对象，如《大同颂》《虞美人》《水调歌头》《满江红》《一剪梅》等。我利用多媒体教学资源将这些歌曲带给学生。"长亭外，古道边，芳草碧连天……"是那样打动人心,"相见时难别亦难,东风无力百花残……"又是如此地扣人心弦。学生在传唱中不知不觉就记住了诗文内容。

(四)创造机会,展示自己

最精彩的是学生在家长面前的表现。每次家长开放日,我都要让学生展示他们的风采,这也是他们最得意的时候。形式不固定,几十名学生站在台前,以各种形式展示诵读成果,有齐诵、自由诵读、表演诵读等。

俗话说,学生的心是块空地儿,种啥就长啥。我鼓励学生用自己的笔写自己的所思所想。"熟读唐诗三百首,不会作诗也会吟",想说就说,想写就写,放开地想,放开地写。学生的创造潜能得到了极大发挥,他们已经从最初机械地引用一些诗句为文章增添色彩,发展到化用意境、借用典故、仿写诗词,表现出强烈的创作欲望和创造能力。

例如:有的学生写了一首诗"小河边上鸟儿飞,鸟儿欢喜人陶醉。两岸柳絮随风起,河水清清蝶儿追"。陈江同学家是开餐馆的,他以《如梦令》为词牌,写了一首《草原梦》:"陈氏餐厅日暮,喝醉不知回路。高兴晚开车,误进草原深处。嘟嘟,嘟嘟,惊现几只小兔。"虽然学生写的意境还没有那么美,但他们已经学会了创造。

四、取得的成果

我曾对四年级两个班学生进行问卷调查,发出问卷 57 份,收回 56 份,有效问卷 56 份。问卷设计(见附录)。采用无记名形式,基本上能够反映学生诵读的现状。"诵读经典古诗文"问卷调查统计见表1。

表1 "诵读经典古诗文"问卷调查统计

问题	回答情况(百分比)			
你喜欢读古诗文吗	一般	喜欢	特别喜欢	不喜欢
	39.3%	23.2%	33.9%	1.8%
你愿意继续读下去吗	愿意	不愿意	听老师的	
	72.5%	16.7%	10.8%	

续表

176

问题	回答情况（百分比）		
家长和你一起读古诗文吗	偶尔	经常	不读
	37.5%	10.7%	50%
你会背几首古诗	20首以下	50首左右	100首左右
	12.5%	46.4%	39.3%
你喜欢古典诗词吗	一般	喜欢	特别喜欢	不喜欢
	25%	42.9%	30.4%	0

问学生："为什么喜欢古诗文？"有的同学说，因为诗中有喜怒哀乐；因为像顺口溜一样很好记；虽然只有几句话，但描写的是大千世界，很生动；因为从中能体会到作者的智慧；因为有的古诗就像在讲小故事，带我们游览祖国的壮丽山河。

问学生："如果给你最喜欢的诗词作者写封信，你会说什么？"有的同学想对李清照说："尽管你经历了种种困难，你却是女词人里最有名气的，我真佩服你！希望你能开心一些。"有的同学想对李白说："你的诗带我们去了很多美丽的地方，使我们感觉就像在仙境里，不愧为'诗仙'。诗句'飞流直下三千尺，疑是银河落九天'，我最喜欢。"

通过对调查结果的分析，我发现，引导学生诵读古诗文，虽然所涉及的仅仅是一点点经典文学，还远远不是经典文化的全部，但培育了学生热爱语言文字和中华优秀文化的思想感情，增加了学生在传统经典文化方面的积累和精神积淀。

靳家彦在语文教育感言中曾说：教师不是诗人，但要有诗人的气质；教师不是演员，但要有演员的才能；教师不是哲人，但要有哲人的思考；教师不是将军，但要有指挥千军的气概。语文教师尤其应当如此。让课堂充满文化气息，文而不野、雅而不俗、活而不乱，情趣盎然。课堂要有书卷气，要有翰墨香，因为语文教学说到底是一种文化现象，是浸润在文化积淀中的社会行为。

附录

"诵读经典古诗文"问卷调查

亲爱的同学们，欢迎你参加"诵读经典古诗文"问卷调查活动。这次调查采用无记名方式，请不要有所顾虑和担心。

1. 你喜欢上古诗文课吗？（　　　）

A. 喜欢　　　　　B. 一般　　　　　　　C. 特别喜欢　　　D. 不喜欢

2. 你大约会背几首古诗词？（　　　）

A. 20 首以下　　　B. 50 首左右　　　　C. 100 首左右

3. 爸爸、妈妈会陪你一起诵读古诗文吗？（　　　）

A. 经常会　　　　B. 偶尔会　　　　　　C. 几乎不会

4. 你喜欢古典诗词吗？（　　　）

A. 喜欢　　　　　B. 一般　　　　　　　C. 特别喜欢　　　D. 不喜欢

5. 你愿意继续读下去吗？（　　　）

A. 愿意　　　　　B. 不愿意　　　　　　C. 听老师的

6. 你喜欢在什么时间读古诗文？（　　　）

A. 早读　　　　　B. 课前五分钟　　　　C. 晚上

7. 你认为，诵读古诗文对自己有什么好处。可多选（　　　）

A. 增强记忆力

B. 吸收传统文化精华

C. 了解为人处世的道理

D. 提高识字、阅读、写作的能力

8. 你为什么喜欢古诗文？

9. 给你喜欢的诗词作者写一封信，你会说（　　　　　　　　　　　　）

以听促读，提升低年级学生的阅读兴趣

刘　琳

阅读是教育的核心，每科知识都以通过阅读文字内容来学习的。因此，提高学生的教育质量的核心是提升学生的阅读能力，从而增强其对文字的理解能力。

笔者一直从事低年级语文教学及班主任工作，课堂上时刻注意培养学生的阅读兴趣。低年级学生的年龄较小，对课堂规范的执行力较弱，在语文课堂上通常会表现出以下特点：

第一，低年级学生活泼好动，有意注意力时间较短。刚入学的学生由于年龄的限制，在课堂上表现出注意力不集中、爱玩东西，因而错过课堂上的学习内容。

第二，低年级学生思维活跃开阔，不受限制，想象力丰富。一、二年级的学生刚入学，没有被一些所谓的固定答题模式限制，所以他们回答问题时往往思路开阔、天马行空，有的学生似乎有些不着边际。

第三，低年级的学生对万事充满了好奇，尤其是对故事性强的书籍充满兴趣。但是，由于识字量较小，他们对有鲜艳插图的故事书青睐有加。

在《朗读手册》中吉姆·崔利斯阐明如下观点：

（1）你读得越多，知道得越多。

（2）你知道得越多，你就越聪明。

这一观点有力地证明了阅读的重要性。有研究指出：我国低年级小学生课外阅读现状是阅读缺少计划性、读物缺少选择性、阅读方法缺乏指导。[1]于是，笔者作为小学语文教师，以自己班级为实验对象，针对如何提高低年级学生的课外阅读兴趣做了研究。

根据笔者对低年级小学生的观察，他们对图片较多的读物和有声读物较为感兴趣。虽然从这个年龄的心理发展上来看他们有意注意力时间较短，但是每当他们听故事的时候会比平时表现的有意注意力集中时间长很多，并会对故事内容做出一些自己的评判和讨论。

最终，以低年级学生学习特点为依托，以提高低年级学生阅读兴趣为核心，以有效指导低年级学生课外阅读培养良好习惯为最终目标，确立了以听促读的方式，提高低年级学生的阅读兴趣。笔者针对这一主题在班级里开展了一系列的活动，并针对活动的效果、学生的感受记录下来。

一、师读生听，提问互动——以《小王子》为例

《小王子》是法国作家安东尼·德·圣·埃克苏佩里于 1942 年写成的著名儿童文学短篇小说。本书的主人公是来自外星球的小王子。书中以一位飞行员作为故事叙述者，讲述了小王子从自己星球出发前往地球的过程中所经历的各种历险。作者以小王子孩子式的眼光，透视出成人的空虚、盲目、愚妄和死板教条，用浅显天真的语言写出了人类的孤独寂寞、没有根基随风流浪的命运。同时，也表达出作者对金钱关系的批判，对真善美的讴歌。

《小王子》全书共 24 章节。笔者计划每天利用课上的 5 分钟及自习的 10 分钟，共 15 分钟给学生阅读。阅读的进度大概是每天读一章节。在读的时候，笔者采取了以下做法：

第一，读书时声情并茂，全心投入，让学生边听边想象画面。这本书十分有意思，情节描写十分生动形象，声情并茂的朗读使学生在脑海中产生画面感，身临其境，感受人物内心。只要教师投入故事里去，投入孩子的心里去，即使没有标准的普通话，没有美好的嗓音，朗读照样精彩。[2]

第二，抑扬顿挫，高潮迭起。低年级学生有意注意力时间较短，因此必须把故事读出来显得有趣。当故事里的人物高兴时，教师的声音里也要洋溢

---

[1] 韦艳和. 低年级学生课外阅读问题与对策研究[D]. 南京：南京师范大学，2011：14.

[2] 陈凤. 大声朗读：让孩子爱上阅读[J]. 小学教学参考，2009（8）：23.

着兴奋；当故事里的人物伤心时，教师的嗓音、表情也流露着悲伤；当故事里的人物出现困难的时候，教师也要跟着着急。

第三，提问反馈，互动讨论。笔者每当读完一个章节之后，都会提一些问题和学生们探讨。而学生们也会因这些问题的讨论对这本书更感兴趣。以《小王子》第一、二章节为例，讨论题如下：

（1）飞行员在6岁的时候画一幅什么画？如果他拿给你看了，你会说什么？

（2）如果你帮小王子画一只羊，你会怎么画？

一般设置的讨论题既可检查学生听的情况，又是开放性的讨论题，不存在是非对错，只有畅所欲言。

经过一个月左右的读故事，笔者发现了学生的变化，在班级中形成了小王子探讨组、飞行员探讨组，并且一部分学生买来了这本书，进行角色分配朗读。还有的学生把脑海中想象的小王子画下来。一时间所有的孩子成了"小王子"迷。同时，笔者将学生的作品收集起来，并举办"我是小王子"的展览。

以朗读《小王子》为起点，班级逐渐开始互相推荐儿童读物，学生对课外阅读产生了浓厚的兴趣。学生们开始互相读起来，于是有了后续的活动。

二、生读生听，生生阅读——以班级开展《成语故事，我来讲》为例

中国的传统文化博大精深、历史久远，蕴含着许多智慧。成语是汉语词汇中一部分定型的词组或短句。成语是汉文化的一大特色，有固定的结构形式和固定的说法，表示一定的意义，在语句中是作为一个整体来应用的。成语有很大一部分是从古代相承沿用下来的，在用词方面往往不同于现代汉语，它代表了一个故事或者典故。一次偶然的机会，笔者班中的学生推荐大家读成语故事，对每一个成语背后的典故充满了兴趣，并通过成语故事学习了很多历史知识及中国传统文化知识。借此机会，班级开展《成语故事，我来讲》活动。

《成语故事，我来讲》活动每天利用语文课上的5分钟由学生讲一个成语故事，并讲出这个成语蕴含的道理。在一年级下学期，学生的表达基本完整，

可以将自己的观点清楚地表达出来。学生基本可以把故事内容表达出来，但是具体如何表达成语的内涵及这个成语如何运用就会出现讲述不清或运用错误等现象，因此，笔者在此次活动中对讲故事的学生提出以下要求：

（1）成语故事内容详尽，讲述流利。

（2）讲完故事后，要用这个成语造一个句子，教会大家使用。

（3）要针对这个成语故事的内容提一个有价值的问题。

每个学生讲述时都严格按照这三点执行。第一点，是在锻炼学生的表达能力，要求学生讲述时也要投入，声情并茂。第二点，是用造句这个直观的、感性的方法让学生初步感知成语的用法。第三点，提有价值的问题，这样既能考验讲故事的学生是否真正明白其中的含义，又能检查听故事的学生是否听得认真。

与此同时，笔者也给听故事的学生提出了以下要求：

（1）认真倾听，积极回答问题。

（2）对讲故事的学生从声音是否洪亮、讲述是否流利、造句是否正确三方面进行评价。

全班共 42 名学生，每天一名学生讲成语故事，学生积累许多成语，同时理解了它们的用法，并对成语产生了浓厚的兴趣。有的学生听了草船借箭、三顾茅庐等成语找来了儿童版的《三国演义》津津有味地读起来；有的学生听了金蝉脱壳、八仙过海等成语买来了插画版的《西游记》；还有的学生听了退避三舍、言归于好等成语故事对《左传》产生了浓厚的兴趣……就这样，许许多多的经典书籍在大家的朗读讲述中得到分享，学生也因为听而对读产生了浓厚的兴趣。

三、师生共读，互促阅读

《朗读手册》中提出：朗读有许多目的，最主要的目的是激发孩子以自行阅读为乐的动机。这种课程被称为 SSR（Sustained Silent Reading，持续默读）。

二年级的学生有了一定的默读能力，有意注意力相比一年级时也有所延长。因此，笔者的班级在二年级时师生每天坚持持续默读。学生每天都带自己的课外书到学校，教师会严格检查学生带的课外书是否合格（如有学生带有关电子游戏的书籍，教师会要求学生换书来阅读）。师生每天在校保证 15 分钟共同默读的时间。一段时间后，教师发现学生的阅读速度提高了，从读 3 页增加到 6～7 页。阅读速度的提升说明以下变化：

第一，阅读速度的提升直接反映学生的识字量有所提升。具有一定的识字量是独立阅读的前提、基础，识字量和阅读量是相辅相成的，一起提升。

第二，阅读速度的提升说明学生对词义的理解加深了。每本书中都会出现一些生僻词，有时不能理解一个词的意思就会使整个故事处于读不懂的状态、停滞不前。而学生坚持持续默读，将生僻词的意义弄懂，下次再看见时自然就会驾轻就熟。

第三，阅读速度的提升也说明学生的阅读兴趣提高了。学生对故事内容有很大的渴求，希望知道下一步故事的发展，不由自主地、如痴如醉地向更深一层读下去。

正是这样从被动听到主动听再到主动读，在教师正确的方法指导下开展一系列的活动，学生走到爱阅读的路上。笔者坚信这条路上有许多努力的教师和学生，希望我们越走越远、越走越好！

打造悦读环境

——整本书阅读初探

许亚南

在全民阅读的社会大背景下，儿童阅读的地位也越来越凸显。在阅读方面，营造一个良好的阅读环境，学校教师的作用也很重要，其影响力可以说大于父母。学校阅读教学的目的不仅是识读文字，更重要的是让他们学习图画阅读、声音阅读和视频阅读。而课堂的阅读教学，不仅是教会他们解读文本，更是让儿童获得文学审美和愉悦，让他们从阅读出发，走向思考、表达和分享。作为一位小学高年级的语文教师，我努力打造书香班级，营造积极的阅读环境。我深信阅读是可以改变学生们的生命质地的。真正优秀的童书，总是让学生在穿越故事的同时学会认识自己、理解他人，学会思考生活的意义；真正优秀的童书能将学生们的心灵带向远方……所以，阅读第一步，选什么样的书籍让儿童阅读是十分必要的。

一、选书

新的学期开始了，我要迎接一批五年级学生。到了新的班级一看，发现班级空间不大，还要容纳 39 名学生，但总觉得班级缺点什么，那就是学生的阅读空间。为了鼓励学生阅读，我毫不犹豫地联系了家委会一起购置了一个新的书架。接下来就是为学生购置一批丰富的藏书，让学生感兴趣，乐于继续深入研读。在调查研究的基础上，我和家委会及学生经过多次讨论，整理出了一份书单，然后由家委会成员和学生代表分别在网上和书店选购书籍，选购了涉及历史、文学、科学、艺术方面适合小学生阅读的书籍。随后，学生一起讨论了班级书籍使用遵循的原则。整个活动很有教育意义，学生提出了很多批判性的看法，更重要的是他们在阅读这些经过自己精挑细选的书籍时更有兴趣。从选书、买书到阅读，学生深刻地体验了整个过程的自主性。随后，班级设置了图书管理员，将班级书籍编目，整齐地摆放在同学们易拿、允许学生们好好站着欣赏的地方；还设置了一个温馨的提示标签，以及详细的借阅记录，保证书籍的正常借阅。新接班一个月，班级图书角的阅读气氛很浓厚，初步为学生们营造了一个温馨的阅读环境。

二、阅读时间

想要培养学生成为一位读者，一定要给学生阅读的时间。阅读的时间非常重要。它包括抛开一切的阅读、不受干扰的安静阅读和保持安静不受打扰的自主阅读。

为了给学生这样阅读的时间，我经常挤出时间带学生去图书馆阅读，让每个学生有机会按照自己的喜好、速度、程度来阅读。提倡学生利用课余时间阅读，人人手里有一本书，并且教师也以身作则。阅读之外不做任何其他的事情。

经过一个月的培养，班级学生能够在自习时间非常自觉地读书。阅读氛围非常浓厚。

三、上好导读课

《语文课程标准》明确指出："要培养学生广泛的阅读兴趣，扩大阅读面，增加阅读量，提倡少做题，多读书，好读书，读好书，读整本的书。"在学生有了积极的阅读动机后，教师就要运用一系列的阅读策略引导学生进行高效阅读，让学生在读书中思考，在读书中收获。

北师大版小学五年级上册语文课本中有一篇课文《迟到》，节选自林海音的《城南旧事》，作者回忆了她童年时，在父亲的管教下，改正了上学迟到的毛病，从中体会到父亲对自己的爱。这样的课文非常贴近学生的生活，学生初读后也非常有兴趣。于是，我想由一篇课文来引导学生读整本书。

在这节阅读课上，我通过品词析句、圈点批画等阅读策略帮助学生理解课文；通过揣摩人物的语言、动作等细节描写，引导学生在父亲"打"和"送"

对比的体验中感悟出父亲的严与爱，从而把握父亲的人物形象。

教学片段如下：

学习提示：浏览第 2～10 自然段，画出父亲打"我"的原因。

1. 从"我"的角度

案例 1　课文第 2～3 自然段

> 想到这么不舒服的上学，我竟很勇敢地赖在床上不起来了。
>
> "妈，今天已经晚了，我就不要去上学了吧？"
>
> 一个字的命令最可怕，但是我怎么啦？居然有勇气不挪动。
>
> ……常常都是怀着恐惧的心情，奔向学校去。

引导学生梳理（出示原文）

（1）醒来已晚，肯定迟到。

（2）明知故犯，想要逃学。

（3）祈求家长，放纵自己。

（4）目中无人，拒绝管教。

林海音在面对错误时一错再错，用错误的方法来解决错误。父亲强调的是——不许赖床！不准逃学！这是原则问题，没有商量的余地。这是父亲打"我"的原因之一。

2. 从爸爸的角度

案例 2　课文第 11 自然段

> 爸气极了，一下把我从床上拖起来，我的眼泪就流出来了。爸左看右看，结果从桌上抄起一把鸡毛掸子，倒转来拿，藤鞭子在空中一抡，就发出咻咻的声音。我挨打了！

通过对比体会，急是着急、急躁的意思，而这个极是无法忍受了。说服教育已经不管用了，所以爸爸盛怒之下才狠狠地打了"我"。这是原因之二。

3. 第二次回读

案例 3　课文第 1 自然段

我的父亲很疼我，但是**他管教我很严，很严很严。**

在这节阅读课上，我给予学生充分探究的机会，适时点拨，引导学生关注文本中父亲的语言、动作、标点等细节，理解父亲行为背后的深刻含义；通过联系上下文，对比"气急了"和"气极了"，寻找我挨打的原因，理解"严"中之爱，教育"我"要面对错误、改正错误，要敢于面对困难、克服困难，这种教育很必要，从而体会父亲的爱女之心，使学生初步把握父亲这一人物的形象。

学完课文之后，学生认识了这样一位严厉又慈爱的父亲，其实在林海音身边还有很多这种爱的故事，推荐学生阅读《城南旧事》整本书。

四、有计划阅读

第一阶段，导读课激发了学生的阅读兴趣。在阅读整本书阶段，学生制订了阅读计划表，记录每天阅读的心情；制定章节任务，记录阅读心情，然后召开班级读书会进行交流分享。

第二阶段，我们引导学生对书中人物进行了梳理，对书中人物形象有一个初步的认识。通过梳理，学生对书中宋妈、妞儿、小偷的认识还不够全面，这也为我后期上读书分享课提供了借鉴。

第三阶段，让学生给书的章节和内容做标注，这样查阅起来更方便，同时锻炼了学生的批注能力。

第四阶段，学生运用思维导图的方式对文章内容进行了梳理，加深对人物形象的认识。

第五阶段的交流分享课，通过教师的引导，总结整本书阅读的方法。我们希望通过这样的活动链让学生在阅读中多走几个来回。

在阅读分享课上，学生经历了这样一个"走进文本"与"走出文本"的完整过程。首先，走进文本是从"我"的视角看文中的人和事，理解人物形象，与文本对话，这是形成学生阅读理解的基础。其次，走出文本是去感受文字所反映出来的人文内涵，形成自己独特的理解与意义建构。此外，在整本书阅读过程中，我力求关注学生思维的发展，如引导学生关注作品结构与其他作品有何不同、初步认识链状小说结构特点。再如通过表格思维图形式梳理人物，帮助学生发现作品表达的"离别"主题内涵，把关联和比较的思维习惯渗透到学习之中，培养良好的语文思维习惯，获得思维发展。

教师对整本书阅读的教学指导，既可以推动学生相对完整的文化场域，使学生的认知过程逐渐完善，又能促进学生阅读策略的综合运用及进阶发展，从而整体推进学生语文学科核心素养的发展。

五、结束语

对于整本书的阅读探索，我们还在路上。我们认为一定要重视阅读过程，必须制订有效的阅读计划，提供有效的阅读策略。教师的"善导"和学生的"悦读"始终贯穿其中。只有真正用心读进去并反复揣摩，学生才会有自己的阅读体悟，才会更深入地思考。我们希望通过这样的摸索，让学生养成勤于阅读的习惯，乐于阅读；潜心钻研书册，学会表达交流；学会反思，让学生受到思想熏陶，升华他们的阅读境界。

语文教师要做点灯的人，用高品位的书籍为学生点燃人生的明灯。梅子涵先生说得好："我们把灯点亮，拎到童年面前。这盏灯是我们自己点亮的，这盏灯是为童年点亮的，这盏灯是为世界点亮的。我们手中每一本漂亮的书，就是一盏灯。童年亮了，成年就会亮着；所有的灯亮了，世界就会亮着。"让我们一起来读书吧，为培养卓越的小读者而努力吧！

走进自然，感受四季

刘　莹

一、活动背景

《四季》是部编版教材一年级下册的一篇课文。课文分为四小节，以拟人化的口吻描述了四季不同的特点和代表性事物，篇幅不长，读起来朗朗上口，可以激发学生对大自然美丽景观的赞赏和热爱。《语文课程标准》中的课程总目标提出，在发展学生语言能力的同时，还要发展学生的思维能力，激发学生的想象力和创造潜能。因此，我把本课设计成一节语文综合实践活动，引导学生走进自然、感受四季，从而加深对文本的理解，激发学生对大自然的热爱之情。

二、学生分析

一年级学生的生活经验较少，对四季概念的理解不清晰，只停留在天气、温度变化的认知上，无法理解不同的季节有不同的代表事物。课文中提到的一些事物，有些是孩子没有亲眼所见的，有些是没仔细观察过的。他们虽经历过四季的更迭，但没思考过四季带给自己的惊喜和快乐。

三、设计思路

为了让学生感受四季的精彩，我设计了一系列综合实践活动，如走出教室，到大自然中看一看，找一找能代表这个季节的事物；搜集一些其他季节的图片，跟同学分享一下自己的发现；画一画你喜欢的季节，唱一唱某个季节的歌曲，演一演课文中的事物。让学生带着自己对四季的理解和体会有感情地朗读课文。希望通过一系列活动，让学生对四季有更感性的认识，激发他们对四季的喜爱和对生活的热爱。

四、活动目标

（一）知识目标

知道一年中四个季节的名称；了解四季的代表性事物，如草芽、荷叶、谷穗、雪人；感受四个季节的特征，体会春天的温暖和朝气、夏天的炎热和乐趣、秋天的凉爽和收获、冬天的寒冷和欢乐。

（二）情感目标

培养学生走进自然、亲近自然、热爱自然的美好情感。

（三）能力目标

培养团结协作的意识和相互合作的学习能力，培养学生的动手能力和创造精神。

五、活动过程

（一）激发兴趣，明确活动目的

课件展示学生们身穿不同季节的衣服，引导学生概念性地理解四季的特征，知道各个季节的温度变化，体会春天的温暖、夏天的炎热、秋天的凉爽、冬天的寒冷，识记"春、夏、秋、冬"这四个生字，并告诉学生可将春、夏、秋、冬统称为"四季"。

四季的更替是一种自然现象。通过学习《四季》这篇课文，带学生走进大自然，以不同的形式来感受四季不同的魅力。

（二）准备阶段

（1）课前布置孩子留心观察身边的事物，想一想现在是什么季节，你是从哪儿看出来的，也可以搜集一些关于这个季节的事物。

（2）上课伊始，带学生观察校园，引导学生观察学校里的植物，与放暑假时看到的有什么不同，天气有什么变化。看看你收集到了哪些关于这个季节有代表性的物品。

（3）按照学生不同的兴趣，把学生分为手工组、绘画组、表演组和朗诵组四个小组。学生在课余时间根据各自的兴趣收集资料，进行准备。

（三）活动过程

（1）对比刚刚过去的夏季和现在的秋季，交流你所看到的景物的变化，说一说你的感受。

设计意图：这两个季节是学生刚刚经历和正在经历的。从这两个季节切入课文，学生容易产生亲近感。

（2）课件显示草芽图、荷叶图、谷穗图、雪人图，让学生区分四个季节。

设计意图：图片能让学生直观地认识四季。学生凭借生活经验能把这些事物与各个季节联系起来。

（3）朗读课文，让学生采用多种形式朗读，如个人读、同桌互读、小组轮流读、分角色读、做动作读等，通过朗读表现学生自己的感受。比如，"草芽尖尖"可读得轻柔，表现出草芽的柔嫩；谷穗"鞠着躬说"，可读出谦虚的语调；"雪人大肚子一挺"，可以做挺肚子的动作，以表现雪人顽皮的样子。

设计意图：朗读是学生学习和探究活动的重要手段，对一年级的学生来说尤为重要。因此，教学中我设计了各种形式的朗读，学生在朗读中感悟课文、激发情感体验。

1. 成果展示

（1）手工组：利用在大自然中收集到的叶子、野花等制作叶贴等手工作品，将自己喜欢的季节告诉大家。

（2）绘画组：用画笔描绘自己喜欢的季节，让学生们猜猜是哪个季节。

（3）表演组：可以演唱某个季节的歌曲、儿歌，也可以背诵一首古诗，让学生猜一猜这首诗描写的是哪个季节。

（4）朗诵组：边做动作边背诵《四季》这篇课文，用朗诵的形式表达对四季的喜爱。

2. 教师小结

教师要肯定学生的表现，鼓励学生创造，给予学生正面的评价，鼓励他们走进自然、感受自然。

六、活动效果

　　此次语文综合实践活动取得了比较好的效果。学生对四季的认识不仅停留在课本上，更唤醒了他们的生活体验。比如，有的学生说春天可以放风筝、春游；夏天可以游泳、吃冰激凌；秋天可以赏红叶、做叶画；冬天可以堆雪人、滑雪。而这种综合实践活动也激发了学生的学习兴趣，培养了他们的动手能力和创造力。活动结束后，他们会更加留心观察身边的事物，用心感受大自然的美好。

《想吃苹果的鼠小弟》
绘本阅读指导课教学设计

赵鑫馨

　　《可爱的鼠小弟》是中江嘉男与上野纪子夫妇于 1974 年创作的儿童绘本，全套共 22 本，被誉为"日本绘本史上不可逾越的巅峰"。该套书故事内容简单、文字较少，画面比较清晰，但构思奇妙、趣味十足。全套书以鼠小弟为主人公，铅笔画的猴子、大象……一个个鱼贯登台亮相，为我们上演了一幕幕可笑、温情的"话剧"。

　　本册书《想吃苹果的鼠小弟》，讲的是苹果树上长着又红又大的苹果，鼠小弟好想吃。他想："如果能像乌鸦一样飞，像猴子一样爬，像大象一样有长鼻子，像……那该有多好呀！"看到其他的动物一个个使出自己的本领摘走苹果，它学着袋鼠的样子跳，可是跳不高，学着犀牛的样子去撞树，结果碰了个鼻青脸肿。海狮虽然也没有其他动物那样的本领，但是当它用顶球的绝活把鼠小弟抛到树上时，他俩就合力摘到了苹果。故事的结果是出人意料的，又是令人愉快的。

　　在这个愉快的故事中，学生翻开一页一页的图画，和许多动物成了朋友。他们会随着故事的发展去猜测，下一个上场的会是谁呢？鼠小弟吃到苹果了吗？怎样才能吃到呢？小小的悬念牵引着孩子们一页页翻开去。成功的作品是要给读者一个意外的惊喜。当看到鼠小弟被海狮高高地抛到空中的画面时，学生会发出惊喜的笑声。哦，原来如此！在这里，读书完全成为一件快乐的事情。

　　该书从儿童的小视角来描绘精彩的大世界，以简单重复的句子为学生提供最佳的语言学习机会，以出人意料的情节激发学生无限的想象力，又以简洁明了的图画让学生获得纯粹的美感体验。

一、学情分析

已有水平：一年级的学生对绘本这种图文并茂的作品喜闻乐见，通过一个学期的看图说话的训练，能在第二学期借助书中的图画进行阅读，看懂绘本含义，领会主要内容。

存在的问题：表达词句较简单，缺乏细致观察，对绘本人物的动作、心情缺少更详细的描述。

二、教学目标

表1　教学目标

教学目标	能力较强学生的情况	能力较弱学生的情况
整体把握绘本故事，初步感知绘本人物的细节活动	能用准确、丰富、连贯的语言把这篇绘本讲出来	能连贯地把这篇绘本讲出来
培养合理的想象力	能进行多种大胆且合理的想象，并详细地描述出来	能进行合理的想象，并简单描述出来
喜欢阅读，感受读书的乐趣，初步养成爱护图书的习惯	爱护图书，对《可爱的鼠小弟》全套书有阅读的欲望，并付诸实践	爱护图书，喜欢阅读

三、教学重点、难点

1. 教学重点

（1）学会读绘本，认识题目、作者、出版社等图书信息。

（2）认识各种动物及其独特的本领，体会合作与分享的精神，思考如何解决问题、发挥想象力。

2. 教学难点

（1）将鼠小弟和其他动物的动作和心情准确、丰富、连贯地表现出来。

（2）进行合理的想象：鼠小弟是怎样吃到苹果的？

（3）从鼠小弟和海狮的互相帮助中体会合作、分享的乐趣。

四、教学过程

（一）初识绘本，认识人物

出示 PPT，投影《想吃苹果的鼠小弟》绘本封面，引导学生观察。

（1）指名读绘本题目：《想吃苹果的鼠小弟》。

（2）了解绘本主人公：鼠小弟。

（3）了解绘本作者。读一本故事书，我们不仅要知道写的是谁，还要感谢这本书的作者。该绘本的作者是上野纪子，是日本人。

（二）细读绘本，品味图画

1. 了解故事的起因

出示 PPT，投影"鼠小弟站在苹果树下"一页。

这是什么季节，这里的苹果树怎样了？

预设 1：苹果树结满了红红的果子。

预设 2：苹果树结满了又大又红的果子。

谁来了？它在想什么，或者在说什么呢？

预设 1：鼠小弟想：这苹果一定很好吃。

预设 2：鼠小弟走来，想吃大苹果。

过渡语：当鼠小弟盯着红彤彤的大苹果馋得直流口水的时候，有一个动物也来了。是谁呢？

2. 体会动词的准确、丰富

出示 PPT，投影"鼠小弟站在苹果树下，看见乌鸦叼走了一只苹果"一页。

（1）想一想乌鸦是怎样得到苹果的。你能不能填上一个表示动作的词，说一说。

PPT 出示：一只乌鸦（ ）走了一个大苹果。（指名说）

（2）还能用哪些词呢？鼓励学生继续填（衔、啄）。（指名说）

板书：准确。

（3）谁还能再多加入一个表示动作的词，把乌鸦怎样得到苹果描述得更加具体？（飞）

板书：丰富。

设计意图：起初，学生可能会简单描绘为：一只乌鸦叼走了一个大苹果。经过教师的简单引导，一些能力较强的学生明白可以把动作说得更细致：一只乌鸦衔着一个大苹果，拍拍翅膀飞走了。

（4）合理想象鼠小弟接下来的动作。

鼠小弟站在树下，他会想些什么，说些什么呢？

预设1：鼠小弟想：我要是能飞就好了。

预设2：鼠小弟想：如果我也有翅膀该多好呀！

（5）对照绘本，了解鼠小弟到底是怎样做的。

他是这样想的，又是怎样做的呢？请你看图，自己试着说一说，再和同桌说说它的做法，注意尽量把它的动作说准确、说丰富。（同桌讨论，指名说）

（6）试着体会用词连贯。

①请你看看，这三句话哪些地方好。

PPT出示：鼠小弟挥动胳膊。

鼠小弟拼命往上跳。

鼠小弟怎么也跳不高。

②上面三句话哪些地方不好？怎么改？

③如果给你一个词（但是），你能不能把它说得连贯一些呢？

④看，这个词还能换为哪些词？板书：可是、却

⑤总结：看来，加入一些连接词，就可以把句子说得连贯。（板书：连贯）

⑥试着把两幅图连起来讲故事。

现在请给你的同桌讲一讲这个故事。要注意，动词是否准确、丰富，语句是否连贯。

设计意图：通过综合学生的发言，让学生明白，可以通过一些词语，如但是、可是，把形容鼠小弟动作的词语连接在一起，锻炼学生有条理地表达。

（三）独立阅读，边扶边放

PPT出示"鼠小弟站在苹果树下看猴子吃苹果"一页。

（1）观察绘本，猴子怎样吃苹果。

乌鸦飞走了，你们猜谁又来吃苹果了呢？它是怎样吃苹果的？

（2）讲述绘本，猴子吃苹果。

指名讲这幅图，注意把表示动作的词说得准确、丰富。

（3）连贯讲述这两幅图。

鼠小弟怎样做的？能不能用这些词（爬、抓、够、摘）让句子变得通顺？自己试着把这两幅图讲一讲。

设计意图：通过观察猴子吃苹果，巩固刚才学习的让句子更详细、更通顺的方法。

（四）深入绘本，思绪飞扬

PPT 出示"鼠小弟站在苹果树下看猴子吃苹果"一页。

（1）观察鼠小弟的表情。

鼠小弟坐在树下，他的心情怎么样？（伤心、不高兴、灰心）

（2）想象还有什么方法可以吃苹果？（做梯子、搬来蹦床……）

（3）看图，请你说说文中鼠小弟怎样吃到苹果的？

总结：鼠小弟不仅吃到了苹果，而且明白了道理。这个道理是什么？（做事要动脑筋，有些事要合作才能完成）

设计意图：海豚用顶球的绝活把鼠小弟抛到树上时，两个人就合作摘到了苹果。故事的结果是出人意料的，由此让孩子从中体会到与人合作、分享的喜悦。

课后反思：短短一节绘本阅读课的容量可真大！《想吃苹果的鼠小弟》中动物们夸张的动作造型，能引起学生的共鸣。"老师，你看，鼠小弟学猴子的样子爬树，它还浑身发抖呢！""对呀，它太害怕了！"由于课时较短，我没有把所有故事情节呈现在课上，还留了一些让孩子自己去看。下课后，孩子们都迫不及待地围在讲台前，兴致勃勃地翻阅。有的学生在一周后捧来了全套24 册《可爱的鼠小弟》图书，放在班里让大家阅读。如果能在平时教学中抽出时间带领学生读一读、翻一翻一些有趣的绘本，将一些道理潜移默化地渗透给学生，对他们将大有裨益。

借助绘本教学提高低年级学生的
阅读和表达能力

卢慧娟

一、研究背景

作为一种重要的儿童文学样式，绘本最早出现在西方，有百年的历史，是绘画和语言相结合的艺术形式。我国有时也叫"图画书"。绘本中的图画一般是手绘之作，生动迷人，具有和语言叙述同样的功能，承担着叙事抒情、表情达意的任务。在欧美等发达国家，绘本被公认为是儿童早期教育的最佳读物。学龄前儿童读物中70%是图画书。与一般图书相比，以读图为主的绘本阅读更具有直观性与形象性，符合儿童的审美需要和心理特点，在长期阅读中能潜移默化地激发儿童的阅读兴趣，对儿童思维、语言的发展，审美能力的提高有很大的作用。

二、学生学情

在教学过程中，我们要给学生打下扎实的语言基础，包括必要的语言知识，较强的读写能力、口头交流等能力，基本的学习方法及良好的学习习惯。根据学生的学情，低年级应注重识字教学，培养学生良好的阅读习惯，关注口头表达能力，为中高年段的习作做好铺垫，而识字、阅读、口头表达三者是息息相关的。活泼好动是孩子的天性，无论课间还是课堂上，学生都是想说爱问，然而在表达上的完整性、条理性还是非常欠缺的。

三、基于教材

从教材看，部编版教材（小学）中加了大量的插图，这给我带来启发，在大语文、大阅读的环境下，低年级的学生的读物可以是哪些？图与文有机结合的绘本，正是符合低年级学生身心发展的课外读物。绘本中各种色彩斑斓的图片在给予孩子审美的同时，也让学生产生浓厚的阅读兴趣，而学生阅读的过程也是一种学习语言表达的过程。我们教师可以借助该资源，设法引导学生在欣赏图片的过程中用自己的语言进行表达。

四、实施策略

绘本为低年级学生的语言发展提供了一个新的途径。在语文教学实践中，我在低年级的语文教学中融入绘本教学，学生的口语表达能力与阅读能力都得到了很大的提升，主要表现在以下方面：

（一）促进学生阅读能力的提高

《语文课程标准》指出，九年义务教育的学生课外阅读总量应达到 405 万字；要培养学生广泛的阅读兴趣，扩大阅读面，增加阅读量，提倡少做题，多读书，读好书，读整本的书。绘本教学不仅能促进低年级学生说话写话训练，还能让学生形成阅读能力的主动发展，通过对学生绘本阅读的指导逐步提高阅读能力。

1. 提高学生的阅读兴趣

低年级的学生刚刚开始接触汉字。汉字属于表意文字，对于六七岁的儿童来说十分抽象，而且低年级的学生识字量很少，如果在这个时候就让学生去读大篇文字的故事，即使是带拼音的，对大部分学生来说也还是比较困难的，那么从学生开始接触阅读的时候就让他们觉得阅读是一件十分困难的事情，让学生对阅读失去兴趣。图画语言比文字符号更加直观，更加符合儿童形象性思维的特点，更能激发孩子的阅读兴趣。

2. 提高学生的认读能力和记诵能力

绘本中图片是故事的主要信息，但是文字也是不可或缺的。学生们在观察图片结束之后会主动地要求去读文字，看看故事内容与自己的想象和观察是否相符。有些绘本中的句子是在不断重复的，学生在一遍遍的重复中就会对句子进行无意识地记诵。例如《爷爷一定有办法》，爷爷用一块布给孙子做的衣服变小了之后，孙子总会说："爷爷一定有办法。"而爷爷在修改衣服时，故事也都用了同样的句式进行描述："爷爷拿起剪刀开始咔嚓咔嚓地剪，再用针飞快地缝进、缝出、缝进、缝出。"这样的句子在书中一共重复了五次，在这五次的重复之中学生能很轻易地将句子记诵下来。背诵能提高学生的记忆力，加深对文章的理解和感受，也是积累知识与语言的重要渠道。

3. 提高学生理解文本的能力

在绘本教学中，我会引导学生透过图画细节猜对话，如观察故事中人物的表情，猜测他的心理活动；观察人物的动作、神态、衣着、环境等，让学生设身处地地来模仿人物的对话。再回到文字中进行阅读，通过对细节的关注，学生阅读到的不仅是文字的表面含义，而是深层次地体会到文本所蕴含的深意，人物的感情、性格。在引导学生阅读绘本的过程中，我会不定时地与学生一起回顾所讲过的内容，在故事结束之后让学生对故事内容进行概括，这样使学生对文本有一个整体的把握，理清故事的脉络。同时，也会通过不断的提问，训练学生抓住故事的主要信息来回答老师的问题。教师通过关注细节、整体把握、适时提问三种方式，提高了学生理解文本的能力，而理解能力恰恰是阅读能力中最基本的能力。

《语文课程标准》指出："低年级要借助读物中的图画阅读。"《语文课程标准》要求我们善于利用一切可利用的教学资源，也就是说，低年级学生的读图能力是十分重要的，可以帮助学生理解文本的内容。绘本在这方面具有得天独厚的优势。绘本都比较唯美，版式精到独特，以封面、扉页、正文及封底构成一个近乎完美的整体。图片中蕴含着大量的信息，可以帮助学生对文本进行更好的理解。比如《我有友情要出租》中，小猩猩因为自己非常孤独而出租自己的友情，但是仔细观察的话，绘本的每一页都会在隐蔽的地方出现一种不同的小动物，实际上是为了告诉大家，其实友情就在你的身边，要去主动结交朋友。

4. 提高学生的感受能力

学生只有将自己代入故事，才能够与文本进行真正的沟通，才能真正地感悟文本传递的情感，才能真正地与文本进行对话，所以在阅读绘本的过程中我会适时地让学生与自己的生活实际进行联系，每一个绘本都是社会生活直接或者间接的反映，阅读绘本的过程也是对学生进行社会化影响的过程。比如《我爸爸》绘本中，从一个孩子的角度展示了父亲在他心目中的高大形象，读完绘本之后，我设计了配套的活动，调动孩子的生活经验，回忆自己父母值得自己骄傲的能力，如学生说"我的爸爸力气很大，可以一下子就把我举起来""我的爸爸会给我做好吃的汉堡包"，虽然是一些平凡小事，但在孩子的眼睛中却放大了许多倍，让孩子在熟悉中亲近，学会关心自己的父母和自己身边的人，在锻炼了学生语文能力的同时，蕴含了丰富的人文情怀。

（二）促进学生口语表达能力的提高

语文教学要培养学生"听、说、读、写"的能力，绘本教学恰恰将这四种能力很好地结合了起来。对于低年级学生来说，写作能力还在慢慢地培养和形成过程中，而表达是写作的基础，学生只有能进行有条理且完整的表达，在写作时才能收到事半功倍的效果。

1. 提高学生的表达兴趣

在进入故事前我都要利用提问的方式初探故事，针对封面、封底和蝴蝶页进行提问，看看封面上画的是谁，他的表情如何，为什么会这样，你来猜想一下发生了什么事。在与学生共读故事的过程中，也要像观察封面一样，让学生不断地观察图片，不断提问：你看到了什么，他在做什么，为什么会这样做，接下来会发生什么事。对于学生的答案，只要是合理的，就要进行鼓励。久而久之，学生就会非常愿意分享自己的想法，而童真的想法也会带给我许多惊喜。比如，在讲《猜猜我有多爱你》的绘本故事时，小兔子问妈妈："猜猜我有多爱你。"我没有急于让学生阅读下一页的内容，而是让学生去猜测兔子妈妈的回答。有的学生说："妈妈会说，比爱胡萝卜和白菜还多。"还有的学生说："兔妈妈会说：'看看那棵树上的叶子，你爱我比那些树叶还多。'"

2. 拓展学生的词汇量

学生口语表达得是否生动，主要取决于学生词汇量的大小。低年级的学生表达能力还不是很好，这是与词汇量有关的。性格开朗的学生爱说，喜欢与人交流，在日常生活中积累的词语会多一些，表达起来会流畅一点。如果学生本身话不多，只顾沉浸在自己的小世界里，一般说出来的是短语、短句子，甚至不想表达任何意见，因为他真的不知道该如何表达。低年级的学生刚刚开始进行表达的训练。在绘本中，我会通过表情、手势等来演示一些常见的词，帮助学生理解词义，同时依据绘本的内容不断增加学生的词汇量。比如《石头汤》，故事发生在中国古代，学生从中了解到许多古代的词汇，如秀才、郎中、炊烟袅袅等。借助图片学生也都能较好地理解这些词语的词义。

3. 训练学生通顺、完整有序地表达

讲完故事后，可把故事中生动、有趣的情节，根据学生的特点编成有趣的活动，让他们在愉快的活动过程中掌握语言。在《我爸爸》故事完成后，我教学生做大嘴书，利用大嘴书模仿爸爸的语气对自己说话。还可以依据故事情节让学生拓宽思路，低年级学生宜用比较生动活泼的形式、简单的语句，让学生表达自己读完故事之后的感受，鼓励他们口头自编故事与家人分享，可以帮助他们提高思维力和概括能力。让学生用自己的语言来复述故事（故事中部分情节或故事大意），以培养学生的概括能力，学会有序地进行表达。这也对学生的言语、记忆、逻辑、想象等方面的能力进行了最好的锻炼。《子儿，吐吐》是写一只小猪吃下了木瓜籽，幻想自己的头上长出了木瓜树，借此我安排了配套的活动，让学生说一说自己吃下了什么水果的籽儿，又长出了什么树，这些树有什么用。学生说："我长出了一棵苹果树，树上的果实可以分给同学们吃。"还有的学生说："我长出了一棵梨树，树上的叶子可以帮老师和同学们挡风。"不管是什么方式的表达，都有意识地要求学生说完整的话，教师也要进行正确的示范。

语文教师应该将眼光放长远，不再拘泥于课本的知识，而是应该重视提高学生的能力。通过阅读绘本，学生经常接触到这些高水准的图与文，一读再读，在听故事中品味绘画艺术，在欣赏图画中认识文字、理解文学。在这样的过程中，学生语文学科素养无形中提高了。

基于项目式学习研说吉祥物、浸润雪文化

向　昆

本文中，笔者以"雪"主题单元教学设计与课堂实施为例，浅谈如何基于项目式学习提升学生的语文核心素养，渗透"中华雪文化"，发展学生的综合能力。

一、选择项目——以"设计冬奥吉祥物"为项目学习主题

（一）项目学习设计总思路

2022年冬奥会即将在北京召开，本届冬奥会吉祥物面向公众征集。本设计正是基于学生对"雪"的情感和冬奥会的真实情境进行整体架构。教师以"设计冬奥吉祥物"为真实任务驱动，依托单元教材资源，通过项目学习的方式满足学生认知"雪"、表达"雪"的真实学习需求。在学习周期内，学生不断丰富对雪的认知与语言的积累，在语言实践中完成学习任务。在自主探究的学习活动中，学生选定研究项目，整合多方资源，解决实际问题，发展语文核心素养。

（二）学情调研

学生要顺利完成"设计冬奥吉祥物"这一学习任务有哪些学习障碍呢？通过学情调研，我发现如下情况：

（1）学生对"雪"的认识角度单一，思维深度浅显，需要从认识雪的特点出发逐步走向深入、多元。

（2）学生对"雪"的语料积累不够丰富，需要表达得更加清楚明白，并把对雪文化的理解融入自己的解说词。

这就要解决冬奥吉祥物"如何设计"与"如何表达"两大问题。

（三）教材梳理

如何依托我们的教材资源来满足学生的发展需求呢？于是，我对"雪"这个单元的教材进行了整体规划。

综观教材里几篇课文，这里既有介绍"雪"的自然属性的说明文，从雪的形成到作用，可以学习很多雪的知识，又有表现"雪"的丰富内涵的文学作品。文学作品中雪的形象与自然形象密切相关，展现不同的人文精神，形成了独具韵味的"雪文化"。

根据"雪"在作品中的不同内涵，分为三个层次：首先，说明文《雪》从自然的角度介绍雪的科学知识。其次，《瑞雪图》《下雪的早晨》描写了雪的景色，作者借"雪"抒情。最后，《江雪》《深山风雪路》讲述了"雪"中故事，作者借"雪"的环境凸显人物品质。从自然属性到情感代言，再到精神内核，"雪"在这三个层次中的特点不同、作用不同。

通过教材梳理，我发现本单元不同文体为学生认识雪、表达雪提供了丰富的范例与语料，在设计时应围绕"雪"这一文化符号，引入冬奥情境，借助思维工具，丰富学生的语料积累，发展语言认知。通过"雪"，学生不仅收获科学知识，而且体会雪所承载的情感寄托，形成对"雪文化"的理解。

二、设计方案

（一）项目学习目标

（1）开展"设计冬奥吉祥物"的项目学习活动，结合"雪文化"介绍设计思路，表达自己的见解，实现对"雪文化"的认同与理解。（教学难点）

（2）运用关联等思维方式，把雪的自然属性与文学属性关联起来，发展与提升学习者的思维。（教学重点）

（3）立足关键词句，借助思维工具，联系背景资料，品鉴散文和诗歌语言的特点。

（4）通过积累、仿写、创意表达的学习方式，提升学习者语言表达的准确性与丰富性。（教学重点）

（二）项目学习设计

我们把传承"雪文化"作为项目学习的教学价值，以"设计冬奥吉祥物"为学习任务驱动。基于学生完成任务的实际需求，围绕"如何设计"与"如何表达"两条线索将学生的学、教师的教与学习效果评价融合在一起。学生在设计中"品语言、悟文化",在表达中"用语言、表心声",通过"雪之属性""雪中情感""雪中精神""设计交流冬奥吉祥物"四个板块来实现,用 8 课时来完成。

这四个板块呈进阶性联系,前一个板块是后一板块学习的基础,每一个板块的学习都是为达成总目标而服务的。学生经历了从方法习得到实际应用,从课本阅读到生活实践,从内化到外显的学习全过程。

三、完成项目、交流展示、评价改进

下面重点介绍项目学习任务的确定(第 1 课时)及项目学习的展示交流(第 7 课时)的教学设计。

(一)项目学习中任务的确定(第 1 课时)

作为项目学习的起始课,分为以下三个环节:

环节一:情境导入,激趣入课。

(1)出示"冬奥吉祥物"官方征集海报,激发学生参与设计的兴趣,布置单元学习任务。

(2)再出示一些以往冬奥会吉祥物及解说词,引导学生初步感知吉祥物的设计要包含图形设计和解说词两大部分及其特点。

(3)揭示单元主题。教师引导学生:为了设计出更好的作品,传承雪文化,让我们走进"雪"这个单元的学习。

环节二:整体浏览,初步关联。

(1)自读说明文《雪》,根据说明文的特点,通过略读训练提取信息,完成圆形思维图第一步,在补充思维图的过程中学生加深了对雪的特点的了解。

(2)在此基础上,再整体阅读单元内其他课文,引导学生通过这个问题:这些文章与"雪"有什么联系?初步感知文学作品中的雪与自然属性的照应关系。

学生的回答包含两个层面:

第一个层面:学生关注了内容方面来谈,这些文章或描写了雪的景色,或叙述了雪中的故事,或歌颂了雪中人的精神。

第二个层面：学生关注作者笔下的雪的特点与雪的自然属性之间的联系。作者笔下的雪或大而美丽，或洁白安静，或晶莹剔透，与说明文中的雪是密不可分的。这为整个项目学习奠定了基础。

环节三：总结提升，激发兴趣。

教师借雪的诗句、谚语进一步激发学生探究"雪"的欲望，为丰富学生对"雪"的认识做好充分准备。

本课时项目学习的评价设计：

项目学习通过学习小组形式进行，采取过程性评价和终结性评价相结合的方式，充分发挥评价促自我诊断和促进发展的作用。

1. 过程性评价——以课上发言为评价依据

过程性评价见表 1。

表 1 过程性评价——以课上发言为评价依据

等级	标准	自评	师评
★★★	积极举手发言，能谈出雪的知识。准确说出三条及以上重要信息		
★★	积极举手发言，能谈出雪的知识。准确说出两条重要信息		
★	积极举手发言，能谈出雪的知识。准确说出一条重要信息		

2. 终结性评价——以学生画的思维图为评价依据

终结性评价见表 2。

表 2 终结性评价——以学生画的思维图为评价依据

等级	标准	自评	师评
★★★	学生的思维图记录全面，能够结合自己的兴趣进行完善和补充。能够列出三点以上关于"雪"的科学知识，乐于展示自己个性化的成果		
★★	学生的思维图记录比较全面，能够结合自己的兴趣进行完善和补充。展示自己个性化的成果		
★	学生的思维图记录不全面，能够列出一点关于"雪"的科学知识		

（二）项目学习中的交流评价（第 7 课时）

从进入本项目学习伊始，学生已在冬奥情境的启发下，通过"冬奥会"微信官方公众号了解了设计要求，课外也有意识地收集、整理了一些关于"雪"的文学作品，在第 6 课时进行了交流分享，积累了丰富的语料，并完成了吉祥物图形的设计初稿。随着单元学习进程的推进，学生对雪的认知不断深厚，同时也不断丰富"雪"的圆形思维图。

第 7 课时分为三个环节：

环节一：单元回顾，再次关联。

出示圆形思维图，回顾单元中几篇课文与"雪"之间的联系。这样，借助思维工具对整个单元进行回顾，再次让学生把雪的文学属性与自然属性关联起来。在此过程中，学生逐步丰富了对"雪"的内涵的认识，从而形成对"雪文化"的积累与理解，为下面环节做好铺垫。

环节二：佳作引入，标准先行。

（1）出示征集活动图片，再现情境。冬奥会吉祥物全球征集活动正如火如荼地进行着（成稿时间 2018 年）。我们以小组为单位完成了各组吉祥物的图形设计。有的组设计的吉祥物以"单个形象"出现，有的以"成对形象"出现，还有的以"一组形象"出现。教师关注到，大家的设计都包含了雪的元素，但一份完整的设计方案不仅要包含图形的设计，还要为吉祥物配上解说词。接下来，我们来完善这份设计方案。

（2）出示一些熟悉的吉祥物和解说词，进一步明确标准。

（3）学生畅所欲言，教师总结梳理标准。通过梳理把设计解说词的标准进一步明确下来后，学生有了清晰的"标准"，再按照这样的标准动手实践，体现了"评价标准先行"的理念。

环节三：动手实践，总结升华。

1. **实践任务（二选一）**

（1）结合对"雪文化"知识的积累，帮助冬冬完善设计方案。

（2）为自己的设计撰写解说词。

2. **展示交流评价**

通过量化评价表进行评价。（见表 3）

3．教师总结

通过整个单元的学习，我们认识"雪"、品味"雪"，还通过设计冬奥会吉祥物和解说词传承"雪文化"。雪在我们的诗词里，在散文里，更在我们的心里。让我们用心去赏雪，去感受这个世界的美。

本项目通过选取与语文核心素养相关的人文主题，组织学习资源，为吉祥物配解说词，在真实情境下让学生通过自主探究活动实现了对"雪文化"的积累与传承。

本课时项目学习的评价：

1．项目学习小组课堂学习质量评价

项目学习小组课堂学习质量评价见表3。

表3　项目学习小组课堂学习质量评价

评价项目	评价标准			自评	师评
参与意识	★★★	★★	★		
个性展示	积极参与，主动性强	积极参与	能够参与		
实践能力	特长突出	展示充分	能够展示		
合作意识	有较强的交际能力，合作能力强	能顾全大局，会与人合作	有合作		
创新能力	创新意识明显，思维活跃	思维活跃	有思维		
综合表现	积极主动，思维活跃，表现突出	积极参与，展示自我	有展示		

2．项目学习内容评价（以学生完成的冬奥会吉祥物为评价依据）

吉祥物图形设计评价标准见表4。

表4　吉祥物图形设计评价标准

评价标准	★★★	★★	★
有特定意义的名字	形象名称利于大众接受、识记，给人以积极向上、欢乐和谐、亲切自然的感觉	形象名称利于大众接受、识记，给人欢乐和谐、亲切自然的感觉	形象名称利于大众接受、识记

续表

评价标准	★★★	★★	★
设计缘由清楚合理	能准确、全面、具体地介绍设计缘由，因果关系恰切	能简要介绍设计缘由，有一定的因果关系	能简要介绍设计缘由，但因果关系不明确
语言表达生动亲和	能生动形象地解说其内涵，富有感染力和亲和力	能比较生动形象地解说其内涵	内涵单一，语言平白
指向中华"雪文化"	既能结合本单元所学课文，又能结合查找到的资料，准确地突出中国文化中"雪"的象征意义	能结合本单元所学课文，或结合查找到的资料，准确地突出中国文化中"雪"的象征意义	能结合本单元所学课文，或结合查找到的资料，较准确地突出中国文化中"雪"的象征意义

吉祥物解说词评价标准见表5。

表5　吉祥物解说词评价标准

评价标准	★★★	★★	★
主题突出	既包含雪元素、奥运精神，又体现民族文化	包含雪元素、奥运精神、民族文化中的一点或两点	仅包含雪元素
图像美观	色彩协调，结构合理	色彩比较协调，结构比较合理	在色彩和构图方面均有欠缺

四、项目学习设计特点

（一）真实情境驱动，整体架构内容

本项目学习基于《语文课程标准》、教学内容和学生已有经验整体规划，链接学生身边的社会热点事件，借助"北京冬奥会"的真实情景，采取"设计吉祥物"的真实任务驱动，满足学生的真实需求，用思维图贯穿单元学习始终，浸润"雪文化"。

（二）搭建有效"支架"，引领思维提升

本设计项目式学习活动和实施方案根据学生的认知发展水平，对项目进

209

行适当拆解，设计大任务、小活动，合理安排课时，给学生独立思考的机会。用设计吉祥物、圆形思维图，为学生设计与表达提供"支架"，关注课时之间的逻辑关系，体现解决问题的思路，引导学生小组合理分工，自主设计并实施项目方案，解决问题、展示作品，学习评价与之相伴，培养学生良好的语文思维习惯。

通过此系列项目的学习活动旨在激发学生对中华文化的热爱，为今后学习打下基础。学生将在学习"龙""马""岁寒三友"等文化主题的单元中运用已有的学习经验继续探索。

整本书阅读教学的实践与思考

向 昆

　　《语文课程标准》指出培养学生广泛的阅读兴趣，扩大阅读面，增加阅读量，提倡少做题，多读书，好读书，读好书，读整本的书。为什么强调读整本的书呢？整本书阅读对学生的精神成长有何特殊意义？该如何实施呢？本文以五年级《城南旧事》整本书的阅读指导为例，浅谈整本书阅读教学的价值和指导过程。

一、整本书阅读的教学价值

　　目前，学生的课外阅读现状可以概括为"散点式""碎片化""拼接型"。一方面，大部分学生不会阅读、不爱阅读，没有养成良好的阅读习惯。另一方面，作为教师，未能充分发挥学生的主动性，肢解地讲解课文，丧失了语文阅读的能力与魅力。因此，无论是《语文课程标准》的要求，还是学生自身的语文核心素养的培养，都提倡读整本书。

　　整本书阅读在学生的生命成长中有着重要的作用，它不仅可以提供了解他人的可能性，还可以提供了解其他学科的可能性，对学生的精神成长、未来的职业规划均能起到良好的促进作用。学生集中一段时间专注于一本书，能够更好地建构阅读方法、养成阅读习惯。

（一）提供相对完整的文化场域

　　与单篇课文相比，整本书更像"画卷"，能够更为全面地展现彼时彼刻的社会生活图景，演示文化特质形成和发展的"纵贯线"，让学生既能看到"这一点"，也能联系和"这一点"相关的若干点，了解"这一点"从哪里来、可能到哪里去。浸润在整本书提供的文化场域中，学生可以吸纳更为丰富的文化信息，获得更为完全的文化印象，对特定文化场域形成完整的认识。

（二）推动认识过程的逐渐完善

整本书提供的信息量大，信息链条完整，信息关联度高。学生在阅读过程中需要透过变化的现象发现不变的本质，体验不断建构、解构、再建构、再解构的循环，需要借助联系思维，努力发现事物之间的关系，在对立中看到统一，在分离中看到渗透，形成新的认识和思考，进而树立事物之间普遍存在联系的哲学观点。更为重要的是，随着整本书内容的展开，学生能够体验到自身认识发展变化的过程。这种体验有助于学生反思性知识的形成与丰富。

（三）促进阅读策略的综合运用

阅读同一本书的不同部分需要采用的阅读策略不同。学生依据阅读内容的特点"切换"阅读策略，逐渐达到转换自如的状态，达至自由使用的程度。阅读整本书需要的策略和单篇课文也有所不同。阅读单篇课文我们大多是"一次性"完成信息的提取、整合。整本书的信息量大，覆盖的篇幅多，需要边阅读边记录，用自己的方式逐步梳理分类、整合概括，因此整本书阅读策略有其独特性，需要学生在阅读过程中依据目标的要求不断摸索、建构。

（四）承载综合能力的进阶发展

现实生活需要学生具有解决问题的能力，这种能力具有显著的综合性和实践性，综合能力需要在综合性的实践活动中培养。整本书阅读需要学生梳理脉络、撰写摘要，调整阅读策略，循序渐进地深入文本、理解主题、追问人性……阅读活动涉及的能力要素多，各个能力要素在阅读过程中同时发挥作用，是发展学生综合能力的良好载体。

教师通过对整本书阅读的教学指导，既可以推动学生相对完整的文化场域，使学生的认知过程逐渐完善，又能促进学生阅读策略的综合运用及进阶发展，进而整体推进学生语文学科核心素养的发展。

二、整本书阅读指导过程

在学习完作家林海音所写的《迟到》一文后，我向学生推荐了《城南旧事》这部小说，开启了《城南旧事》整本书阅读之旅。

《城南旧事》是以作家林海音七岁到十三岁的生活为背景的一部具有强烈自传色彩和怀旧情调的小说。故事中，各个人物都和小英子建立下了深厚的感情，但是这些人最终还是在童年匆匆的脚步声中离英子而去了，消失了。正是在这离别之愁中，英子慢慢地长大了。全书透过儿童的视角，描绘了一幅 20 世纪 20 年代北京城南的风景人情画卷，满含着怀旧的基调，借助一个小女孩童稚的眼睛看世界，看大人世界的喜怒哀乐、悲欢离合，也表达了作者本人对人生和生命体验的多重感受。这其中有一种说不出来的天真，却道尽人世复杂的情感。全书透着淡淡的哀愁与沉沉的相思，感染了一代又一代读者。

在指导学生阅读这部作品时，学生阅读的全过程大致分为"选书—预读—通读—研读—交流"环节。其中"通读""研读""交流"三个环节需要教师特别关注，应给予适当的指导。

（一）《城南旧事》之"通读"指导

通读活动的目标是让学生多次走进同一个文本，了解大致的情节，梳理全书的结构，对人物形成初步的印象，产生困惑，提出相关问题等。

为了让学生每天保质保量地坚持阅读这部作品，我采取"巧用读书打卡表"的方法，来督促学生完成阅读。

在设计读书打卡表（见表 1）时，根据作品特点提示学生关注需要关注的要点，提醒学生随时记录阅读的感受、每天定时定量完成阅读，以此保证通读环节的顺利进行。

表 1 《城南旧事》读书打卡

班级：_____ 姓名：_____

日期		页数		我的发现	我的心情
月	日	页～	页		
月	日	页～	页		
月	日	页～	页		

（二）《城南旧事》之"研读"指导

学生通读结束，开始进入研读阶段。在此阶段，教师需要关注学生在通读过程中难以发现或解决的问题，通常可以进行以下指导。

1. 借助典型任务，设计自读学程

自读学程可以按照阅读进程设计相对复杂的、开放的、具有典型性的阅读任务，学生借助这些阅读任务引领完成整本书的研读，从而多次走进文本，每次阅读都有新的发现、新的体验。

表 2 《城南旧事》人物、事件梳理

班级：_____ 姓名：_____

（1）边阅读，边填表。

出场人物	与英子的关系	主要事件	地点	性格特点	我的感受（一两句话）	
秀贞	朋友	和英子玩"过家家"，拜托英子帮助找"小桂子"	椿树胡同惠安馆中			

（2）自选其中的两个故事，写故事摘要。

故事摘要提示：

> 背景
>
> （时间、空间、主角）
>
> 目的（实现、改变、希望……）
>
> 过程（情节）
>
> 结局（成功、失败）
>
> 主题（诠释主人公的价值观）

《　　　　　》：＿＿＿＿＿＿＿＿＿＿＿＿＿＿＿＿＿＿＿＿

＿＿＿＿＿＿＿＿＿＿＿＿＿＿＿＿＿＿＿＿＿＿＿＿＿＿＿＿＿＿＿＿

＿＿＿＿＿＿＿＿＿＿＿＿＿＿＿＿＿＿＿＿＿＿＿＿＿＿＿＿＿＿＿＿

《　　　　　》：＿＿＿＿＿＿＿＿＿＿＿＿＿＿＿＿＿＿＿＿

＿＿＿＿＿＿＿＿＿＿＿＿＿＿＿＿＿＿＿＿＿＿＿＿＿＿＿＿＿＿＿＿

＿＿＿＿＿＿＿＿＿＿＿＿＿＿＿＿＿＿＿＿＿＿＿＿＿＿＿＿＿＿＿＿

2. 借助思维导图，开展亲子共读

在指导过程中，教师可以根据所读书目的特点，开展切实可行的亲子共读活动。在《城南旧事》研读中，通过亲子共读单，让家长和学生共同参与，培养了学生良好的阅读态度，让学生体会阅读的价值、享受阅读的乐趣，创造了良好的亲子沟通渠道，对学生的成长有很大的教育意义。亲子共读单见表3。

活动一：和你的爸爸或者妈妈共同完成学习单。

活动二：和你的爸爸或者妈妈商量选择其中一个故事，先在书中进行画批（感动的句子或者词语），再用 A4 纸、水彩笔画一张情节流程思维图。

表3　亲子共读单

我的姓名（　　　　）	我读（　　）年（　　）班		
我读这本书的时间	年　　　　月　　　　日		
本书的背景资料	作者： 出版社： 得过的奖：		
本书的主要人物	1. 姓名（　　　），特点（　　　　　　）		
	2. 姓名（　　　），特点（　　　　　　）		
	3. 姓名（　　　），特点（　　　　　　）		
	4. 姓名（　　　），特点（　　　　　　）		

续表

假如颁一个奖给这本书，你会颁发（ ）奖，理由：	
本书值得讨论的重点	1. 2. 3.
我最欣赏哪个人物？ 最不喜欢哪个人物？	最欣赏： 评语：这个人太…… 最不欣赏： 评语：这个人太……

如果让我选择一个书中的人当好朋友，我会选（ ）
理由是：

我会帮本书设计几句广告词：
1.
2.

通过以上三轮的通读与研读，学生对故事情节、人物关系等有了大致的了解，同时经过深入阅读后学生也提出了自己阅读这部作品时思考的问题，为接下来上好交流指导课做好准备。

（三）《城南旧事》之"交流"指导

"交流"环节是通过教师上指导课的形式进行，依据学生前期提出的疑问及作品文学价值设计教学目标和教学环节。

1.《城南旧事》交流指导课教学目标

（1）读整本书，了解每个故事的梗概，了解链状小说的结构特点。

（2）通过关联对比，将故事中的人物与英子联系起来，体会作者童年的快乐与忧伤，感受作品淡淡的哀愁与浓浓的相思，感悟"离别—成长"的主题。（教学重点、难点）

（3）通过朗读、交流等方式感受文字魅力，丰富语言积累，激发阅读文学作品的兴趣，分享读书的快乐。

2.《城南旧事》交流指导课教学环节

活动一：梳理故事及主要人物。

活动二：小组合作，借助课前学习单，试着以英子为中心人物，画一张思维图。图中要显示：这些人物与英子之间的关系，故事中每个人物的结局。看看你有什么发现。时间 5 分钟。

学生梳理得到如下信息：

（1）这些人物几乎都是底层社会的人物，作者也擅长描写这些普普通通的老百姓，他们共同构成了北京城南这样一幅风景人情画卷。

（2）这些人物本来是生活在英子周围，但是最后却因为各种原因离英子远去了。（板书：离别）

关于"离别"，正如林海音曾说："每一段故事的结尾，里面的主角都是离我而去，一直到最后的一篇《爸爸的花儿落了》，亲爱的爸爸也去了，我的童年结束了。"

通过看图片猜故事，激发学生的学习兴趣，使学生很快进入学习情境；要求学生用简洁的语言抓住主要情节概括书中故事的大意，训练学生的整体概括和语言表达能力；引导学生发现这本书呈现的故事结构与其他小说有何不同，关注小说的链状结构特点。

活动三：①作品中找出描写这次离别场景的相关段落，抓住重点词语，思考这次离别让小英子体会到什么。②小组合作，把你的思考用喜欢的形式标注在思维图上。

经过学生交流，教师小结：这些人的离去，让英子逐渐看到了人间的悲欢离合，懂得了人性的复杂、体会了生活的无奈、铭记了父爱的伟大，懂得了闯练的含义。直到爸爸的逝去，英子的童年也结束了，而她自己正是在这一次又一次的离别中，在自己人生道路上不断成长起来。

这样，让学生多次走进文本，结合书中具体情节谈对书中人物的看法，尝试归纳，与作者进行对话，从几次离别中体会作品所表达的深刻主题。在研读过程中，把学生阅读过程中零散的感受梳理整合，帮助学生发现在阅读中没有发现的问题。学生把书中的人物与英子的人生轨迹、作品所表达的感情基调建立起关联，从一系列的人物关联中感受英子在自己人生道路上不断成长的过程，从而感受作品语言文字的魅力，激发学生的阅读兴趣，为学生的精神成长助力。

阅读是一项发展性活动，是提高阅读能力、实现身心发展的过程。整本书阅读活动，实际上是构建一个发展平台，以阅读为起点，在所设计的创造性活动中引导学生学会整本书精细阅读的方法，提升学生的阅读品位和语文学科素养。

基于任务驱动式活动的整本书研读课程开发与实施

——以小学高年级《青铜葵花》研读课程为例

樊微微

一、研究背景

"快乐读书吧"是部编版教材中的一个新设栏目，贯彻了"课外阅读课程化"的理念，是对整本书阅读的一种导向，更渗透了一些基本的整本书阅读方法，引导学生在阅读实践中去体验。课外阅读课程化如何从理念落地生根到真实的课堂？学生对单篇、群文、互文阅读的学习经验怎样迁移到整本书阅读中？为了解决这些问题，教师教学方式的变革和学生学习方式的变革必然会相应发生。

（一）小学高年级学生对基于教材的课外整本书阅读现状

部编教材在六个年级全面铺开后，笔者对所在学校已使用四至六年级部编教材近两个月的四、五、六年级各 30 名学生进行了关于高年级学生整本书阅读现状的问卷调查。

从反馈数据看出：100%的学生表示语文教师会在每个学期初布置本学期的必读书目和选读书目，其中必读书目包含"快乐阅读吧"中提及的书目和与课文相关的经典文学作品；在回答"将以怎样的方式阅读整本书"的时候，97.8%的学生表示会把书从头到尾看一遍，记住主要人物和情节，93.3%的学生表示会在书上做批注并利用读书卡或摘抄本积累好词佳句，98.8%的学生提到教师会要求自己写读后感或做手抄报,35.4%的学生表示需要在班级群内打卡汇报阅读的页码或轮学号进行朗读,88.9%的学生预测教师会用试卷测评的方式考查自己的阅读情况;在回答"教师和家长对你的整本书阅读有何影响"的时候,超过90%的学生表示教师和家长只关注阅读的进度,只有不到10%的学生表示教师或家长会与其交流阅读感受;在回答"同伴对你的阅读有何影响"时,84.4%的学生表示同伴分享会促进自己的阅读理解;在回答"班级读书会对你的帮助"时,74.4%的学生表示读书会的交流内容大部分为对故事情节的回忆、对主人公的评价,或交流读后感,或相互欣赏手抄报,对自己的阅读理解帮助并不大。

(二)小学高年级语文教师对基于教材的课外整本书阅读的指导现状

从学生问卷的数据不难看出,教师和家长对学生整本书阅读的影响常常处于"隔靴搔痒"的状态,一般能做到的是布置书单、提供阅读书目、督促进度、用信息提取的方式测评是否阅读完整本书。在对本校四至六年级的20位语文教师关于课外整本书阅读指导的访谈中,笔者也梳理了教师的看法,这些观点也呼应了对学生的调查数据。

(1)充分肯定整本书阅读的大势所趋。

(2)能够指导学生选书,指导学生关注封面、扉页、腰封等书籍外部信息。

(3)常以可视化的材料(如读后感、读书卡、群内打卡记录、手抄报、测评卷等)督促学生按进度通读全书,检测学生的通读效果。

(4)尚不能开发有效的整本书阅读课程,引导学生深入品鉴作品的文学价值。其主要的原因有:

①缺乏文学、心理学、阅读特定文体的相关理论与策略。

②课时紧张,很难利用课内时间指导课外阅读。

③学生的阅读能力参差不齐,分层指导的难度过大。

从对调查数据的分析中我们不难看出,课外阅读似乎还停留在课外,系统的、可操作的整本书阅读课程是师生当下的共同需求。仅仅停留在过眼通读和提取信息阶段的整本书阅读,并未充分发挥整本书阅读对学生精神世界的影响。在"深度学习"理论的支撑下,笔者尝试以典型任务驱动阅读者在整本书中建立多信息联结，勾连个人的生活经验，从对作品表层信息的把握深入对作品情节发展、人物形象塑造、写作背景、作品人文主题、作者写作意图、特殊描写、阅读同体裁作品的基本方法等方面，发挥整本书阅读为学生打上精神底色的最大作用。

二、研究问题

在"基于教材的课外整本书阅读"这个话题下，首先需从学生学习的角度出发重新审视整本书阅读的全过程。整本书阅读的全过程指导包括"选书—预读—通读—研读—展示"。很多学生所理解的把一本书"从头读到尾"，实际上只停留在"通读"的环节，学生以捕捉散点信息的学习方式整体感知作品。本研究则聚焦"研读"和"展示"这两个环节，研究以下问题：

（1）基于任务驱动式活动的整本书研读课程的开发依据和流程是什么？

（2）基于任务驱动式活动的整本书研读课程如何实施？

（3）基于任务驱动式活动的整本书研读课程的实施效果如何？

三、问题的解决

部编教材四年级下册（试教样书）第六单元第 19 课《冰项链》选自曹文轩作品《青铜葵花》。这部作品引导学生学会欣赏"美丽的苦难"，在苦难中发现人性的光辉。作为经典的儿童文学作品，这本书入选小学高年级必读书目。本研究就以这部小说作品为例，展现小学高年级完整的研读课程开发与实施过程。

（一）基于任务驱动式活动的整本书研读课程的开发依据和流程

如何挖掘文学著作的独特价值？首先，笔者关注作者曹文轩的创作背景和创作思维，寻根作品的文学价值，在作品的《代后记》中作者对"美丽的苦难"的解读、对自己成长环境的描述，均可对寻根文学价值产生导向作用；其次，根据含有作者对作品解读的不同版本《青铜葵花》，感悟作者创作生产中产生的文学价值；最后，将《青铜葵花》与其他儿童文学作品在变异比较中理解其文学价值。

（1）诗化小说的叙事结构。《青铜葵花》的开篇是一个经典的双拱结构。

接着，小说中使用了串联的结构，每一章都自成一个板块，每章都遵循着"出现苦难—苦难发展—解决苦难"的节奏。小说的悲剧结尾采用了环形的结构。这部作品从题目到各章节，再到结尾，作者都在独具匠心地安排意象。

（2）富有意境的如画风景。《青铜葵花》借助风景建构宏大的场面，将人物置于风景之下。这些风景也有其实用性目的，主题、人物、形象、情节等诸多因素都依靠一个个风景构成的场面描写来展示和呈现。

（3）超越苦难的成长主题。作者并未将作品的主题简单停留在书写"苦难"方面，他进一步关注到苦难的意义和超越苦难的话题：贫穷中人们获得了无比庄严的自尊，关爱、善良、扶助、诚挚都为人们化解苦难提供了可能。

（4）美学眼光下的言语表达。作品虽刻画苦难，但是苦难并不坚硬，而是被艺术化了。我们可以在阅读中享受字里行间语言的浪漫、典雅、童心、怀旧、微妙。

《青铜葵花》研读课程框架见表1。

表1　基于任务驱动的《青铜葵花》研读课程框架

单元	课程主题	活动内容
情节的梳理	搭建情节阶梯	苦难和危机是推动故事情节的动力机制。利用情节阶梯，发现苦难与危机在推动故事情节发展中的作用
	TA来重讲故事	小说中的人物，可分为扁平人物和圆形人物。《青铜葵花》中，青铜、葵花、爸爸、妈妈、奶奶等都是典型的扁平人物。嘎鱼这个角色是最接地气的圆形人物，在文中他是有所转变的人，从他的角度撰写回忆录更能体现主人公的品质之高贵
	策划《青铜葵花》连环画	《青铜葵花》共9个章节，以小组为单位，选取其中一个章节作为连环画创作素材。连环画有其独特的艺术魅力：选取关键场面，精简文字，图文匹配，绘画形式选择等。学生通过创作连环画，理清作品脉络，把握关键情节
永恒的人物	人物情绪图	顺着情节的发展在坐标图上标注主人公的情绪在境遇和人际关系变化中不断地摇摆，体会丰满、立体的人物形象
	我为人物立传	传记表现人的生命、经历和情感，并包含作者倾注的爱憎情感。以为主人公撰写"小传"和"自传"的任务驱动，走进作品中的人物内心世界
	朗读亭下	如果文中人物能参加央视《朗读者》节目，你希望谁为谁朗读哪篇文章。本活动中，学生可以结合《青铜葵花》的人物和情节选文，进行朗读训练

单元	课程主题	活动内容
会说话的风景	明信·铭心	《青铜葵花》中对风景的描写别具匠心，风景也诉说着苦难中辉煌的人性之美。明信片是图文与实用结合的小窗口。本活动使风景"说话"，学生借此揣摩作者的表达用意
	建设青铜葵花文化景观园	曹文轩老师的作品，与其生活的经历有着密不可分的关系。建设青铜葵花景观园的任务，使学生主动去了解作者的成长经历，根据作者的生活、书中的描写，在地图上寻找最贴近大麦地的现实中的地方（江苏盐城附近）。利用规划景观园蓝图任务，把文章中提到的景点场景（葵花田、芦苇荡、稻香渡、学校、油麻地镇、茨菇田、金茅草屋）等规划到蓝图中，设计青铜葵花放鸭子、制作冰项链等体验活动，在蓝图中说明设计理由，为每处景点做景观说明
	我来进行舞美设计	《青铜葵花》已经被排成舞台剧、音乐剧。该任务引导学生为话剧《青铜葵花》进行舞台设计，从而细品作品中环境描写的文段
美丽的痛苦	桥型图意象	意象对学生来说过于抽象。作品中葵花田、芦苇荡、冰项链、金茅草屋等意象出现的次数却很多，值得品味。借助思维工具，引导学生把苦难与情感、品质连接起来，凝结成最恰当的意象，利用全要素分析法理解"美丽的苦难"
	我是演说家	借助演讲比赛，以"苦难让我懂得"为主题，诉说主人公和自己对待苦难的态度
	我做小记者	分组采访生于不同年代的采访对象，了解不同年代的人对苦难的理解，把采访记录汇总在一起，阐释"美丽的痛苦"这个关键词，对照《青铜葵花》"代后记"，深入理解痛苦与苦难的意义
创作的星空	创作歌词	《青铜葵花》中穿插了很多充满生活情趣的歌词，很多学生容易忽略它们。借用《红楼梦》中的判词、主人公作的诗等，体会这些文字的表达特色。该活动引导学生结合《青铜葵花》情节，创作歌词或小儿歌
	寻梦环游	动画片《寻梦环游记》触动了很多观众内心最柔软的部分，浓浓的亲情嵌入电影的每个环节。《青铜葵花》中，葵花的妈妈、葵花的爸爸、青铜家的老牛、青铜的奶奶依次离世，如果他们在天有灵能够看到这一切，他们会有哪些所思所想、所言所语。借助这种"穿越"的思路，引导学生展开想象、进行创作
	期待相遇	作品以开放性结尾结束，作家曹文轩老师却表达了"不写续集"的态度，这无疑给了读者充分的想象空间。续写的秘籍是什么？曹老师在多个场合给出过这个妙招："写作靠的是折腾"。本任务以"相遇"为主题，打开学生的想象闸门

（二）基于任务驱动式活动的整本书研读课程的实施

1. 研读指导切入点的确定

完成通读后，学生可能会提出一些独立阅读无法解决的问题，或由于阅读深度不足而无法提出问题。因此，整本书阅读真正进入教师指导视野的最佳时机，是教师捕捉到学生在通读中产生的种种问题，有针对性地组织研读活动，从而推进学生阅读的深度。

2. 驱动性问题的设计原则

所谓驱动性问题，就是那些能够把抽象的本质性问题转化为学生感兴趣的、乐于投入思考的问题。在驱动性问题的设计上，笔者把握了以下原则：

（1）问题的答案，不能是二元对立的"是"或"否"，问题应具有开放度，没有唯一的标准答案。

（2）能够引发认知冲突，促成讨论、辩论。

（3）问题的情境不脱离学生的实际生活，可以适当引入社会热点元素。

（4）解决该问题，能够调动学生多学科的学习经验及生活经验。

（5）根据学生的能力层级区分任务的难易程度，可供学生选择。

（6）问题的解决能够以可视化的形态表现出来。

3. 将阅读整本书的有效策略渗透其中

整本书阅读不同于单篇阅读、互文阅读、群文阅读，读完一本书，留在学生学习经验系统中的不应只有这本书的情节、人物、写作手法，这仍是信息的存储而非能力的形成。因此，在研读课程中，整本书阅读的内容重构策略、捕捉闪回策略、对照阅读策略、跨界阅读策略、经典重读策略等有效策略，是渗透在活动中的。以《青铜葵花》为例，关注环境描写的"会说话的风景"单元就渗透了内容重构的策略，学生在读《草房子》《山羊不吃天堂草》《细米》等同类作品的时候，便可以迁移使用该策略。

（三）基于任务驱动式活动的整本书研读课程的成效

我们从学生的课程学习效果展示和对学生的访谈两个方面探讨课程成效（见表2）。

表2 列举基于任务驱动的《青铜葵花》研读课程的学生学习效果

他来重讲故事	葵花看了一眼那哑巴，在众人的目光之下，正一步一步地朝我们家这边走来。只见青铜低下了头。 "哈哈，还是我们家赢了吧？"我心里乐开了花，看了一眼垂头丧气的青铜，直笑得嘴角能扭到耳根。 葵花一直走到我妈身边，我更加得意："哼，就青铜家还想和我家争？门都没有！" ——以嘎鱼的口吻讲述《老槐树》片段
我为人物立传	我，出生在一个叫大麦地的江南水乡。 五岁之前，我的童年与大多数人的童年没有什么区别。慈祥的奶奶，能干的爸爸，温柔的妈妈，加上我，我们一家人虽然日子过得并不富裕，但是我们每天都有说有笑，日子中都充满着甜丝丝的味道。奶奶总说我话多得像个不停嘴的小黄莺，可我就喜欢说个不停呀！ 然而，在我五岁那年的一个深夜，一场突如其来的灾难，改变了我的一切。 ——青铜自传节选
朗读亭下	依恋　　　　　改变　　　　　知心 葵花—奶奶　　嘎鱼—青铜　　青铜—老牛 （学生撰写的主题开场词和结束语略）
我来进行舞美设计	青铜巧手来做灯场景设计： （1）舞台背景屏幕上展现夜幕下芦苇荡的动态画面，屏幕下方有水波荡漾的动画 （2）随着扮演青铜的演员坐在道具船上划动的动作，屏幕上要逐渐出现星光闪闪的萤火虫，这些光点随意变化路线，速度不需要一致，但不可以太快 （3）舞台灯光整体调暗，营造夜幕的氛围。可以用追光打在演员身上 （4）演员要带装有小灯泡的道具南瓜灯上台，一盏盏打开 （5）背景音乐：柔和的轻音乐，表现宁静、安详 （6）用旁白表现青铜的内心独白
我做小记者	苦难带给葵花的有孤单、亲人离世、自责、羞愧，但苦难也带给了葵花浓浓的亲情，特别是胜似亲兄妹的手足情。当然，葵花与青铜一家携手与贫穷和自然灾害抗争，她变得更加坚强、勇敢。她也曾哭泣过、害怕过，但她却能为给奶奶看病，只身一人去江南捡银杏，她的内心变得强大了起来！如果我是葵花，我甚至要对苦难说一声"谢谢"，是苦难教会了我不再怨天尤人、不再手足无措、不再一味逃避。 ——采访后的换位思考感言
寻梦环游	我希望葵花的哥哥在另一个世界不再受病痛的折磨，他能和爸爸、妈妈团聚。如果他能有机会在梦境中与葵花和青铜相遇，他一定会嘱咐青铜做一位好兄长、疼爱妹妹、保护妹妹。或许，在梦境中，他本就是青铜了

225

课程实施后学生访谈要点列举：

（1）在合作中完成任务，大家互相启发，完成作品，很有成就感。

（2）我迫不及待地想读《草房子》，想把"苦难"系列小说读完。

（3）要不停地回读，联系看不同章节，和以前的从第一页读到最后一页不同。

（4）每个单元有不同的任务，除了已完成的，我还想挑战其他任务。

四、反思与讨论

（一）成功的经验

截至目前，笔者已开发并实施了《青铜葵花》《狼王梦》《节气的呢喃与喊叫》三本书的基于任务驱动的研读课程。从实施过程和效果看，清晰地区分预读、通读和研读，把课内的宝贵时间运用到研读指导中能够有效提高指导效率。在把握作品文学价值的基础上，关注到学生的真实需求确定教学价值，是设计驱动性问题与活动的关键抓手。设计典型任务并区分不同层次，能够调动学生多方面学习经验，促进学生思维融合，带动学生迁移能力阅读同类作品，学习方式的变化有效促进了阅读习惯的养成。

（二）新的问题

在开发课程中，笔者也发现，制约一线教师最大的问题是缺少文学理论、阅读心理学理论等相关理论支撑。对学情把握准确是一线教师的优势，但是在文学理论的指导下挖掘作品的文学价值是开发研读课程难度最大的环节。

（三）将来的设计

已有课程中，对小说作品的研读课程开发占多数，笔者也积累了一定的经验，后续将继续开发与部编教材相适应的科普类、历史故事合集类、诗集类、人物传记类等作品中的典型书目，做不同文体类型作品的研读课程开发，积累并总结更丰富的实践经验，为研究整本书阅读、研究学习方式的变革和教学方式的变革提供素材。

写在"民族之花"语文综合实践活动之后

刘　莹

统编教材六年级上册第三单元为阅读策略单元，重点培养学生根据不同的阅读目的选用恰当的阅读方法的能力。本单元第三课《故宫博物院》一文给出四则材料，要求学生带着两个不同任务进行阅读。一是为家人计划故宫一日游，画一张故宫参观路线图；二是选择一两个景点，游故宫的时候为家人讲解。看到这两个任务，我自然联想到带领学生参与过的"手绘民族园导游图"的语文综合实践活动。

有过这次学习经历，学生们对本次设计故宫游览路线图并进行讲解的活动信心满满。同样的一套智力动作（定位—选择—整合—呈现），大致相同的活动流程，不同的是课文给出了可供选择的文字材料和故宫的平面示意图。

在此基础上，我对活动内容进行了拓展。一是目标人群不局限于家人，可以是家人，可以是同级学友、学弟学妹，也可以是中外游客。二是要求针对不同人群设计专属的故宫主题游，并设计游览路线及导游词。

活动设计了以下阶段：

（1）阅读课文给出的四则材料，回忆自己的故宫游览经历，或利用双休日实地游览，观察故宫游览人群分布情况。

（2）小组讨论，确定目标人群、需求及游览主题。主题确定要求有新意、抓眼球，同时符合目标人群的需求。故宫主题活动单见表1。

表1　故宫主题游活动单

目标人群	
个性需求	
游览主题	
补充资料	

（3）讨论分工。（根据组内成员的特点）

故宫主题活动分工见表2。

表2　故宫主题游活动分工

总策划	
资料整理	
路线规划	
美工设计	
撰稿讲解	

（1）结合设定主题，再次阅读课文，选取有用资料。课下观看有关故宫纪录片和相关书籍、文献，进一步补充资料，以便丰富导游词。

（2）设计及讨论通过"故宫主题游讲解"评价表。

（3）专场讲解，评选优秀设计及最佳导游。

怎样精准定位、设计出抓住游客眼球的主题，学生似乎遇到了瓶颈。为了帮助学生打开思路，我让学生参考广告文案撰写的资料，采取换位思考的方式。如果你是第一次来到中国游览的外国游客，你最想了解故宫哪些方面。如果你已经有过故宫游览经历，再次游览你又想了解些什么。讨论中，学生们逐渐明晰，不是主题越偏门越好，还是要考虑目标人群的需求，如第一次到中国游览，最想了解的就是故宫中轴线上的几大殿名称、职能、特色等，于是主题被确定为"故宫中轴线"；还有的学生想到，外国游客对中国的"龙文化"可能最感兴趣，于是主题被确定为"故宫里的'龙'"。如果已经有过故宫游览经历的人群，他们可能最感兴趣的就是自己所不了解的故宫那些新开放区域和具有传奇色彩的隐秘角落，于是"跟着'延禧攻略'游故宫""故宫非一般的防御体系""故宫里的'门'"等一些新奇又出彩的主题脱颖而出。

导游词的撰写，同样是指导学生参考一篇讲解清晰的导游词需要具备哪些要素，逻辑清晰的导游词可以用哪些衔接词等。

附录

学生导游词《故宫里的中轴线》

全：大家好，我们的故宫主题是"故宫里的中轴线"。

甲：故宫有着四个大门，其中午门就是正门，又称五凤楼。这个地方在今天，是人们游览此地的入口，在过去可就不那么随意了，进出都有讲究。过去皇帝下诏书、下令出征都在这个地方。每当皇帝要宣读圣旨的时候，朝中的大臣们就要集合在午门前的广场上听候。

乙：午门当中的门也很有讲究，正门不是随便一个人都能走的，只允许三种人出入。在平时只有皇帝才可以出入，在皇后嫁给皇帝的时候也可以从这里出入一次。此外，遇殿试高中的前三甲也可以从此门出入一次。其他大臣、王孙等从东西侧门出入。寻常百姓是不能进入这座城的，这里只属于皇帝，而宫墙深院的秘密外面的人无从得知。

丙：它是紫禁城里最大的宫门，也是外朝宫殿的正门。在古代，它也曾经历过几次改名，在永乐年间叫奉天门，明世宗年间曾改作皇极门，再后来顺治皇帝入关后才成了我们今天熟知的太和门。在这里，我们可了解到它就是明朝及清朝初年皇帝听政、赐宴的地方，而且太和门外的石狮子是公是母也是个很有意思的问题。

丁：太和殿有好几个名字，在明朝的时候它叫奉天殿、皇极殿，后来顺治皇帝改名为今天的太和殿。其实，如果说得再通俗一点，它就是我们熟知的金銮殿。一听这个名字，人们脑海里总是会出现金碧辉煌、庄严绚丽这样的字眼，而实际上用这些词形容它真的是太贴切了。

甲：在过去，这里总是会举行各类重大典礼，如皇帝大人即位、生日、婚礼，或是其他节日等，他都会和嫔妃及各级官员一起盛装出席，此等盛景，令人赞叹不已。

乙：太和殿是故宫中最大的木质结构建筑，但在古代没有消防车、没有避雷针的情况下，这里庞大的木质结构如何防火避雷呢？

丙：中和殿位于太和殿的后面，这两个殿的位置有着相辅相成的关系。一般来说，皇帝在前往太和殿举行大典之前，都要在这里休息，或进行礼仪演习，也有先在这里接受内阁大臣和礼部官员行礼。除此之外，圣上大人祭祀天地和太庙之前，都会先来这里审阅祭文方版。这里是古代举行殿试的地方，也是每年除夕皇帝赐宴外藩王公的场所。

丁：乾清门是内廷宫殿的大门，很多人可能会问，内廷是哪里？其实，内廷就是以乾清宫、交泰殿、坤宁宫为中心，东西两翼有东六宫和西六宫，是圣上大人处理国家大小事件的地方，也是他与各位娘娘居住的地方。

乙：这是修建于明朝嘉靖年间的宫殿，也是当年顺治爷病逝的地方。在清朝有八位皇帝居住于此，说得直白点，这里其实就是圣上大人学习、读书、处理政务、居住的地方。而在同治年间两宫皇太后垂帘听政时慈安太后与慈禧太后就分别居住于东西两侧的体顺堂和燕禧堂，以便随时临前堂听政。

甲：这就是清宫剧中经常出现的地方，明清后妃居住的地方。这里便是后宫女人的世界，在慈禧太后初入宫被封为懿贵人时，曾在储秀宫丽景轩居住。由于是女子居住的地方，这里的设计多了许多柔和及美感，极具满族气息的装饰琳琅满目。

乙：这就是《还珠格格》里小燕子等人常出现的御花园。在故宫里的御花园原名叫宫后苑，这里古典特色浓厚，花与树木错落在小山、凉亭间，远观煞是好看。以钦安殿为中心，殿东北的堆秀山为太湖石迭砌而成，上筑御景亭，名为万春亭和千秋亭的两座亭子，可以说是目前保存的古亭中最为华丽的建筑。

丙：在明朝时期它叫"玄武门"，是以上古四大神兽来命名的，玄武主北方，故此名为玄武门。不止如此，许多帝王的宫殿北门大多也以"玄武"之称。后来，康熙皇帝改名为神武门。这里也是宫内日常出入的门禁。

丁：下面给大家介绍推荐路线。从午门出发，直线行走，进入太和门参观太和殿、中和殿和保和殿。然后进入乾清门，不要进乾清宫，向左拐弯参观养心殿，然后直走进入储秀宫，最会参观御花园，从神武门出。祝大家游览愉快！

全：谢谢大家。

《纳尼亚传奇 1：狮子、女巫和魔衣柜》
整本书阅读案例

任 丞

这是针对四年级学生的整本书阅读教学案例，书的名字是《纳尼亚传奇 1：狮子、女巫和魔衣柜》。

在这本书中，小主人公们通过一扇衣柜大门进入了奇幻世界纳尼亚王国。他们在伟大的狮王阿斯兰的帮助下，通过神奇的冒险和英勇的战斗战胜了邪恶的白女巫，拯救纳尼亚的人们并保卫了这个神奇而充满欢乐的国度。四个主人公也消除了彼此之间的芥蒂，收获了不同的成长。

本书的作者是克莱夫·斯特普尔斯·刘易斯，又称 C.S. 路易斯，是英国 20 世纪著名的文学家、学者、杰出的批评家。他毕生研究文学、哲学、神学，尤其对中古及文艺复兴时期的英国文学造诣尤深，堪称英国文学的巨擘。他一直任教于牛津大学和剑桥大学这两所英国最著名的高等学府。他编著的作品很多，范围也很广，既有文学史、文艺评论，也有散文、诗歌集，特别是童话，最有名的代表作当首推七部描写"纳尼亚王国"的系列童话《纳尼亚传奇》。

四年级的学生已经具备初步的阅读能力，许多学生对课外阅读的兴趣比较浓厚，但大部分学生不能静下心来读一本书，无法在阅读中运用学习过的阅读方法，阅读后的收获甚微，所以本课的教学目标是培养学生对语言文字的感受能力和良好的阅读习惯，让学生学会运用学习过的读书方法，有效激发学生的阅读兴趣，体会书中人物个性，感受正义与邪恶的冲突，感悟成长。

在整个教学过程中，首先是激趣导入，整体回顾。我先向学生抛出如下问题：最近我们开展了"读爱的书，爱上读书"班级读书会活动，我们一起阅读了《纳尼亚传奇1：狮子、女巫和魔衣柜》这本儿童奇幻书籍，谁来带我们回顾一下本书讲了什么事。学生回顾本书主要内容。这样的快速导入，学生阅读完表达欲望强烈，也锻炼了学生概括故事主要内容的能力。

接着是回忆精彩，交流感受。学生进行小组交流，根据自己做的便签，把最精彩、最难忘的句子或片段读出来，并谈谈从中得到的启发或体会。随后小组汇报，同学补充自己的感受和想法，通过读书动笔、读过留痕，养成随时积累的好习惯。关注精彩片段情节，锻炼学生表达能力，并通过和学生的交流及讨论加深感受和理解，互相学习、互相补充，提高理解深度。

然后是走进人物，表达想法。我引导学生选择一个最喜欢的主人公，画出他（她）的情节线索图，标出他（她）的心情和感受，并结合文章内容说说他（她）这样做的想法和原因，体会他（她）是一个怎样的孩子。学生通过画线索图感受人物经历，梳理文章线索；在结合文章内容讨论时，体会成长中的快乐与辛酸，在面对困难时不同的选择带给我们不一样的结果，从而认识人物，树立正确的人生观和价值观。

最后是总结方法，体会真情。通过本节课的学习，学生有如下收获：一是适当积累，读书有收获。在课外阅读中会遇到许多好词好句，以及精彩片段的描写，我们可以在读书的过程中及时批画，在积累本积累。二是关注重点，读书有感受。对于精彩片段可以制作便签，方便随时回顾，便签上可以写上小标题或者简单的感悟，通过关注重点片段体会情感、感受人物。三是理解人物，读书有成长。可以通过画图或手抄报等方式理解人物，交流表达，在阅读与讨论中感悟成长。

本节课后，我为学生布置了如下作业：书读完了，相信你们每个人心中都有很多触动，让我们把心中的感受写出来（×××，我想对你说，或如果我是×××）。

在日常的语文教学中，教师要激发学生的阅读兴趣，教会学生课外阅读方法，帮助学生养成良好的阅读习惯。针对本次整本书阅读的活动，我有如下思考。

一、兴趣引路

孔子曰："知之者不如好之者，好之者不如乐之者。"兴趣是学生最好的老师，是学生学习的第一动力。本次活动选择了学生感兴趣的奇幻主题书籍，首先吸引学生阅读，激发学生的阅读兴趣，从"要我读"到"我要读"，在浓厚的阅读氛围中感受阅读的乐趣。

二、习惯培养

好的阅读习惯可以帮助学生更好地阅读，也能把在课堂上学习的方法学以致用，让学生阅读完一本书可以有收获。在阅读过程中提出要求，引导学生认真阅读、适当积累，养成良好的读书习惯。

三、能力提升

整本书阅读教学中最重要的一环是读书后的阅读讨论课，是帮助学生加深感悟、提升语文能力的重要一步。通过阅读课讨论，锻炼学生的表达能力，加深学生对剧情的理解和对人物的感受，提升语文综合能力。

四、方法指导

在阅读教学中也一样，一定要注意方法的指导和总结。其实，很多方法在日常语文教学中学生已经学习过了，只是学生无法根据不同的情况灵活运用。在阅读教学过程中，教师要时刻帮助学生回忆日常学习的阅读方法，通过具体的要求引导学生学会如何在课外阅读中运用已经学过的阅读方法。在最后的阅读课上，也要把一些好的方法进行梳理总结，方便学生迁移运用到以后的课外阅读中。

五、情感表达

"读后感"的"感"是因"读"而引起的。"读"是"感"的基础。在读得认真、读得深入的基础上，必然有所感。在阅读后，要让学生抒发自己内心的真情实感，可以运用书中积累的词句，也锻炼了学生的写作能力。

"班级读书会"这一形式为学生搭建了课外阅读交流的平台，锻炼了学生的语文能力。学生在交流讨论中分享读书的快乐，"读爱的书，爱上读书"。

歌贤颂德，学写姓氏名人歌

李琢文

党的十八大以来，围绕传承和弘扬中华优秀传统文化，习近平总书记发表了一系列重要论述：一个国家、一个民族的强盛，总是以文化兴盛为支撑的，中华民族伟大复兴需要以中华文化发展繁荣为条件，还特别强调"讲清楚中华文化积淀着中华民族最深沉的精神追求，是中华民族生生不息、发展壮大的丰厚滋养"。

"中国学生发展核心素养"之中的"人文底蕴"，要求学生在学习、理解、运用人文领域知识和技能等方面所形成的基本能力、情感态度和价值取向。"语文核心素养"中"文化传承与理解"正是这一要求的细化。

从部编版教材的编排结构来看，学生经过前几年语文学习，尤其是在三、四年级开展过专题综合性学习，已经具备了一定的综合运用语文能力的基础，可以开展历时较长、任务较多的语文学习活动。此时开展单元整组综合性学习，可以进一步拓展学生的学习空间，增加学生语文实践的深度与广度，充分调动和挖掘学生语文学习的积极性和主动性，让他们在课堂学习与课外活动中学语文、用语文，全面提升语文素养。

从单元学习的角度，教材设计了《姓氏现状调查报告》这个研究性学习，那么把这个研究性的成果再深化一步，可以如何和现实生活建立联系呢？笔者联系到学生四年级时在语文单元综合实践活动中编写过诗集，合二为一，以诗歌为形式赋予更多的韵律美和文化性，由此确立了"歌贤颂德，学写姓氏名人歌"这一语文综合实践活动的主题。

一、活动目标

（1）通过搜集历史名人，加强对先贤的崇敬。

（2）在查找资料中提高搜集信息的能力。

（3）通过诗歌语言创作提升语言组织与表达能力。

二、活动步骤

（一）激发兴趣，感受姓氏名人歌的趣味

教师呈现李玉刚《李》这首歌，以"你读出了哪些历史人物"为主问题引导学生思考（"李白""李清照""李广"）。学生在欣赏和讨论中，兴趣就被激发起来了。

一部《道德经》，逍遥函谷行。一曲《将进酒》，饮者留其名。

一阕《漱玉词》，云中叹飘零。一双稻草鞋，《本草纲目》集大成。

一个天下的歌圣，正是江南好风景。一位千古的词帝，小楼昨夜又东风。

一骑飞将军，塞外引雕弓。一代天可汗，四海纳英雄。

一方有佳人，顾盼倾人城。一条双节棍，中国功夫出太清。

一朝春蚕丝方尽，雏凤清于老凤声。一首《我住长江头》，此时此夜难为情。

（二）搜集资料，探寻自己姓氏的名人

在兴趣的推动下，学生根据自己的姓氏，结合之前的《姓氏现状调查报告》，整理罗列名人及其代表事件、评价等，形成资料库，以备后续创作使用，以"王"姓为例（见表1）。

表1　古代王姓名人及评价汇总

人名	代表评价	人名	代表评价
王昭君	古代"四大美女"之一	王阳明	明朝哲学家
王充	东汉哲学家	王重阳	道教全真道的创始人
王羲之	东晋大书法家	王士祯	清初大诗人
王勃	唐初四杰之首	王安石	北宋政治家、宋神宗时任宰相
王维	唐代诗人、画家	王实甫	元朝戏曲作家

学生在收集的过程中，对自己的姓氏追根溯源的兴趣也更高，同时看到那么多同姓的先贤，一种自豪感与使命感也油然而生。

（三）尝试创作，唤起诗意的表达

在收集资料的基础上，并不是单纯地罗列人物信息，而是模仿歌曲《李》来进行略有诗意的表达。基本表达方式为两句写一个人物，分为"前、后"两句，"前"句以量词"一"开头，"后"句作为补充阐释。

以王姓为例：

一代书法家，池水墨色浓。一方有佳人，塞外山几重。

一个初唐的人杰，觉宇宙之无穷。一位北宋的宰相，只缘身在最高层。

在创作过程中，学生进一步加深对古代名人的了解，也饱含对传统文化的喜爱之情。

（四）分享点评，在交流中不断提升

以评价促进同学之间相互学习，不断完善自己的作品，可以引导学生从内容选材是否丰富、语言表达是否优美、语言组织是否有新意、句式是否整齐等维度来评价，同时也鼓励押韵、对仗等更高一层的标准。

最后，可以把班级中学生的作品编辑成册，作为班级特色作业。

本次语文实践活动以兴趣为起点，切合学生的生活实际，蕴含了传统文化、创意写作等多个层面，使学生在深度的思考和学习中获得提升。

唤起纸墨记忆

——四年级上册第七单元习作"写信"语文实践活动

刘　娜

四年级上册第七单元的习作是"写信"。书信曾经是人们与远方的亲人和朋友互通信息、交流感情的主要方式，现在仍然是重要手段。本单元要求学生掌握写信的格式，可以给亲友和老师写信，通过邮局寄给对方，也可以通过电子邮件发给对方。

随着社会的进步，我们的通信手段越来越发达。书信渐渐离我们远去。尺素、雁足、书简、鸾笺、鲤鱼、函、札、柬、牍……这些对"信"的美妙称呼也渐渐走出了人们的记忆。我们已经久违了弥漫在信笺上的问候，久违了那期待的心情。新年快到了，让学生提笔写一封信给远方的亲人，带去问候和祝福，告诉他（她）在学校生活中发生的一件事，让孩子们体验书信的文化。通过活动，了解信的起源；通过网络等方式寻找老信件，办一次书信展，了解书信文化；通过读《傅雷家书》，初步感知信；学习写信的格式，讨论书信的内容，亲手写一封信；体验邮局寄信的传统方式。

活动伊始，我向学生展示了在甘肃博物馆里珍藏的一个"国宝"——驿使图画像砖，讲述最原始的传递信件的方式。这是嘉峪关新城堡魏晋墓群出土文物中保存最好、最具代表性的墓室壁画砖，被定为国家一级文物，其驿使图写实场景，是中国邮政标志。驿使图画像砖描绘了驿传通行的场景。画面为一骑马疾驰的信使，头戴小冠，神情肃穆，身着宽松长袍；一手紧控缰绳，一手举示棨传文书，稳坐马背，反衬出驿马速度的快捷与信使业务的熟练。奔马迅疾的身姿，显示出驿递任务的重大和紧迫。特别是图中的驿使脸上五官独独缺少了嘴巴，意在表明昔日驿传的保密性。骑使所举棨传，是通过关门哨卡的凭证，飞驰中仍需手持擎示，是为通关验符节省时间。魏晋墓彩绘《驿使图》画像砖，真实记录了 1600 多年前嘉峪关地区邮驿速度快捷、信使业务熟练。1982 年，邮电部以《驿使图》为原型，发行了一枚面值 1 元的小型张纪念邮票。1995 年，《驿使图》又代言邮政储蓄绿卡，悄然成为中国邮政的"形象大使"。一块画像砖可以告诉我们：信，在人们的生活中不可或缺，发挥着重要作用。

随后，我们开展了"家书抵万金"书信展览，发动学生从网络上收集信件，开展老信件寻访活动，开办书信展，在各种老信件中体会到信是连接人与人之间情感、传达信息的重要载体。

我引导学生开展《傅雷家书》选读会。用一周的时间进行选择性阅读，并组织读书会，感受父子情深。

最后，教学生写信，掌握书信正文和信封的格式，共同讨论写信的内容，并亲手写一封信。

孩子们把信都写好了，兴奋不已。寄信的传统方式让孩子们新奇不已。

（第一天）已想不起上次去邮局办理私人邮件是多久前的事儿了！孩子写好信，兴冲冲地来到二里庄邮局，柜台里一个营业员都没有，等了 20 分钟，实在忍不住问了隔壁邮政储蓄银行的人，答中午见无人办业务，营业员出去了，估计还得半小时。如刘老师所言，书信离我们渐行渐远，所以信使们也寂寞难耐。我们赖以生存的传统和亲人间的温情难道就是这样在不经意间褪失？等不及了，明日再来！孩子人生的第一封写给远方亲人的信还是会发出去的！

（第二天）作为今早二里庄邮局的第一个客户，孩子被告知现在很少卖邮票了，盖上邮资已付的邮戳即可，如果需要贴邮票，营业员今天下午去上一级邮局买回来，孩子可以明天再来。这是寄信第二天的遭遇。和孩子商量后，只好依营业员的规矩盖了戳，留在了柜台。少了贴花花绿绿的邮票满手粘浆糊的乐趣！

——×××爸爸

书信一封，实在太稀罕。料想大约连收到信的人也会被惊到吧！也许会以为出现什么特殊状况。打开信封的那一刻，展开信纸的一瞬间，真的，会不会超级感动啊！

——×××妈妈

鸿烨今天没来得及寄出，明早直接投递到邮桶里，自己很惊叹叠信的讲究，又感叹邮票的功能，很有意义的作业呀！

——×××妈妈

书信，逐渐被短信息和电子邮件代替，但是笔墨里的亲情、思念及家国情怀是永远无法被取代的。希望这样的书信体验能带着孩子们体验中国书信的常识，体味传统的书信文化。

低年级看图作文实践

沈宏玲

小学低年级阶段的作文启蒙教学一直以来是老师们很关注的问题。如果你轻视了这块绿地，那么一些娇嫩的幼芽可能就在你的不经意中被扼杀了，也许就在你的一个不留神中这些含苞待放的花朵就枯萎了，所以我认为只有从低年级语言训练整体出发，以教材为中心，遵循由说到写、由易到难，逐步提高的客观规律，将阅读、观察、口述、写话有机结合起来，开拓学生的视野，激发学生的写话兴趣和积极性，才能让这些蓓蕾越开越艳。

一、以说话为基础，为写作做准备

叶圣陶老先生说过："作文的自然顺序应该是我认识事物，心中有感，感情的波澜冲击着我，我有说话的愿望，便想倾吐，于是文章就诞生了。"因此，要想写好作文，首先就要从说开始。初入学的学生有着强烈的说话愿望，老师要保护、珍视这种愿望，让学生畅快淋漓地表达。但此时有的学生只说半截话，表述不太清楚，老师就应时时处处提醒，指导学生说完整的话，把意思表达明白，让他们逐渐能说一段完整的话，为将来的写话打下坚实的基础。写话的启蒙训练就应从充分利用教材资源开始，给孩子创造说话的情境，搭设说话的舞台。例如，学习课文《春天的手》时，我设计了这样的情境，先问："读了这首诗歌，你仿佛看到了什么？听到了什么？"学生踊跃地描述"春天的景色"。接着，进一步激发学生想象："面对这么美的景色，你想说些什么？"学生更是兴趣盎然、争先恐后地说："春天的手真温柔，我想让她抱抱我。""小河唱的歌，真好听！""春天的景色太美了，我喜欢春天……"就这样学生在兴趣盎然的活动中学会了思维，学会了语言表达。长时间的说话训练使学生学会了说，学会了倾听、补充与帮助。

另外，还应充分利用说话课，多给不说、怕说、不愿说、说不好、说话声音小的学生机会。训练时可以让班上爱发言、说话声音洪亮、干脆、说得较好的学生先说，然后启发、调动、鼓励不会说、不敢说的学生，动员他们说，大胆说。在进行说话练习时，可以采用多种形式为学生创设说话情境，如爱看什么动画片，讲给大家听听；春节去哪里玩了；你的生日打算怎么过；你最喜欢的小动物是什么，你为什么喜欢它等，都可以成为学生说话的主题，都可以成为训练学生大胆说话的途径。

二、立足教材，从字、词、句入手，夯实写作基础

低年级的语文教学以"识字、学词、学句"等为主要教学任务。教师要把握好这些教学内容与作文起步教学的内在联系，使识字、学词、学句等教学为作文起步教学打下坚实的基础。最初简单有效的写话训练可采用给词写句的方法。首先是单词造句，如学了"高"字，可组词"高兴""高楼""高尚"等，然后用"高兴"造句。学生大多会造出这样的句子："今天我很高兴。"从语法角度讲，这样的句子符合语法要求，无可挑剔，但从作文教学的角度去思考就比较成问题了。如果不加以引导，碰到用"生气"造句，学生就可以造出与"高兴"一样的句子，如"今天爸爸很生气"。"热闹"造句，"今天真热闹"。像这样的造句，老师必须加以引导，要求学生写出有情景的句子，如"今天，爸爸、妈妈带我去游乐园玩了很多游戏项目，我真是高兴极了""今天操场上真热闹，同学们有的在跳绳，有的在跑步，还有的在扔沙包"。这样纠正指导，对写作是非常有利的。在一年级，学生的生活和知识积累都不丰富，所以训练时要让他们先说或写内容和句式都比较简单的句子，等掌握的字词及句型多了，就可以让他们学习用一个词或几个词写不同内容和句型的句子，这就是多词造句，如先让学生用"美好"一词造句，然后再用这些词语说几句话，"阳光明媚、百花齐放、高兴"。训练时尽量让学生做到不写错别字，有一定的思想内容、有意义，有自己的认识和感受。

三、加大阅读量，注意日常积累

课外阅读可以丰富学生知识、开阔视野，有利于巩固和增加学生在课堂上学到的语文知识，提高读写水平。"读书破万卷，下笔如有神"，就是说多读书可以实现由内而外的灵活运用。只有让学生有兴趣地、大量地、反复地、入神地读书，才能丰富语感、发展语言。课外书籍的种类很多，有小说、诗歌、童话、寓言、散文、科学文艺等，它们内容广泛，篇幅长短不一，所以要根据低年级学生的年龄特征等诸多因素，选择内容和形式各异的适合低年级学生阅读的课外书籍，激发学生阅读的兴趣。学生通过多读，可以扩大素材积累，领悟遣词造句，感悟作者情感，培养语言感受，训练形象思维，受到作品熏陶。读是为写服务的，所以还要让学生养成把语文课本、课外书籍、电视里看到的或听到的那些新鲜有力、生动活泼的词语和片断记录下来的习惯，以便写作时参考。人的记忆毕竟是有限的，久而久之某些细节就会淡漠。为了弥补这个缺陷，就要勤于动手，把观察到的人、事、景记录下来。摘抄就是学生写作的资料仓库。

四、画我所见、画我所想，体验快乐作文

几乎每个学生都喜欢涂鸦，画笔就是展现他们心灵的一个途径。画画一方面可以把学生看到的东西用他们的画笔记录下来；另一方面可以帮助学生记忆，画的过程同时就是观察和记忆的过程，画就是为作文打基础。美术能刺激学生的感官，唤醒学生表达的欲望，画的过程就是形象思维过程，画笔用形象打开了学生的话匣子。比如，在教学《特别的作业》一文后，第一步我先鼓励学生走进大自然寻找春天，然后用自己的画笔记录下来。学生画下了粉红的桃花，金灿灿的迎春花；画下了绿树青山，飘舞的柳枝；画下了流淌的小河，回家的燕子……第二步就是根据图画叙述自己的所见。这个过程可以分层进行，边叙述、边形容，先让学生把事物一样一样说清楚、说具体，再让学生按一定的顺序把这些事物组合起来，赋予一定的层次感，就是一篇极富美感的写景作文了。再如，"妇女节"时，我鼓励学生给自己的妈妈画一幅画，作为礼物。很多学生主动地在画作旁边附上了自己对妈妈的悄悄话。

图文并茂的礼物感动了一个又一个母亲。涂鸦的学生们抒写了真情，感受到了写作的轻松、写作的快乐。

五、注重评价手段，从写作中找到自信

写完话，应该让学生大声朗读自己的"杰作"，这在学生心中是一件特别值得高兴的事。三类学生是必定要上讲台读他的作品的。一类是文章写得好的，另一种是文章写得有进步的，最后一类是他的文章的观点与众不同，或作文中有几句佳句的。讲评的方式也是开放式的，师生共同评价。这种评价都以鼓励、表扬等积极评价为主。通过师生间、同学间的交流、互评，学生知道哪些是该吸取的优点，哪些是该避免的缺点，互相学习，取长补短。老师还要做有心人，可以利用班中的"学习园地"发表学生的"大作"，或者把学生好的习作推荐到报纸杂志，让他们充分享受写作带来的快乐。

低年级作文启蒙在整个作文教学过程中起着举足轻重的作用。教师要持之以恒，一步一个脚印地引导学生扎实基础、逐步升级，让学生在学习中增长才干，在每一步的训练中丰富情感、积累经验、学到方法，让学生的每一步都走得轻松、愉快、扎实。

多媒体在小学语文识字教学中的运用

刘　琳

识字是小学生阅读和语言表达的基础，因此识字教学是小学语文教学中一项重要的任务。传统的识字教学方法是让学生死记硬背，为识字而识字，教师只要将生字写在黑板上，让学生反复书写、记忆，从而达到教学目的。这样，只会让学生感到识字枯燥乏味。

现代教育理论认为，运用现代多媒体技术进行教学，通过多彩生动的画面、美妙动听的音乐创设优美的情境，告诉学生生字的字音和字义，激发学生的学习热情，强化学生的记忆，促进学生对生字音、形、义的掌握，从而提高识字教学的质量和效率。

一、多媒体技术在识字教学中的运用基础

多媒体技术在教学中的运用主要是通过计算机技术对文字、图形、图像、动画和声音等多媒体信息进行综合处理和管理，并运用于教学实践。多媒体技术在识字教学中具有多方面的功能，它的运用是基于教育学、心理学、语言学发展起来的。在此仅以课件《小小的船》为例，加以分析。《小小的船》课文内容：弯弯的月儿小小的船，小小的船儿两头尖，我在小小的船里坐，只看见闪闪的星星蓝蓝的天。

（一）利用多媒体动画的连续性、情景交融，激发兴趣，促进学习

PPT 课件主要采用声音、图片等导入机制，并同时利用动画效果，集中学生学习汉字的注意力。一般而言，动态的事物比静态的事物更能引起学生的注意力。在识字教学中，学生是否集中注意力进行识字，将影响学生的识字效率及识字效果。多媒体技术采用动画图片，把学生的注意力很快集中于

所动的画面，克服分散带来的不良影响。例如，在《小小的船》课件一开始，在屏幕上展示一艘船在海面上行驶的动态画面，立刻把学生的注意力从课间与同学闲聊或玩耍中转移到课堂上来，使学生更快更好地进入学习状态。而传统的黑板板书则没有这样的效果。

PPT 课件采用多媒体声像系统为先导，通过多彩的画面和美妙的音乐，诱发学生探索知识的强烈欲望，激发学生的识字兴趣。例如，在《小小的船》的课件中，等引入课题后，马上展开课文画面：蓝蓝的夜空中，有着闪闪的星星，一个小姑娘坐在弯弯的月亮上，犹如坐在小船上划着桨。在画面切换的同时，配以背景音乐，童声朗读《小小的船》。在这个过程中，一方面精美的画面首先吸引学生的注意力，使学生对这一画面产生好奇，进而开始探索下面将学习的内容；另一方面美妙的童声朗诵课文，使学生注意到课文中的部分生字，如船、弯等，部分学生会主动开始跟着朗读，这就激发了学生学习这些生字的兴趣。

（二）运用多媒体的直观性，进行教学

世界著名心理学家特瑞赤拉提出：人们通过听觉和视觉获得的信息是他获得所有信息的 94%。他在说明人类的记忆与感官之间的关系时指出，人们一般可以记住自己阅读的 10%，自己听到的 20%，自己看到的 30%，自己既看到又听到的 50%。这也就表明，在学习中同时使用视觉和听觉可以提高记忆效率和记忆质量。由于多媒体同时提供了图形、声音、语言，使学生的视觉和听觉同时运用，使知识信息从感觉通道输入记忆系统，因而能提高学习效率。例如，学生在学习"船"时，一方面计算机提供标准发音"chuán"及"ch—u—án—chuán"的整个拼读过程；另一方面在"船"字旁附有动态小画面船，既形象又具体，比单一感觉通道信息的输入更能增强学生的记忆。

小学汉字教学的重点在于字形的辨析与掌握。汉字的字形可分为三层：一是零件，指组成偏旁部首或独体字的笔画；二是部件，即组成合体字的偏旁部首与独体字；三是结构，既指零件和部件组成汉字的结构，又指零件和部件组成的顺序。运用 PPT 课件进行识字教学，可将汉字进行零件和部件的分别演化，亦可将汉字进行零件和部件的顺序演示，使学生能较快地掌握汉字的字形，从而提高记忆质量和效率，如本课生字"蓝"字，对于一年级学

生而言，"蓝"字的结构比较复杂，因此在学习时最好进行零部件的分割。首先，从屏幕由下而上移入红色"一"，再各从左右两边分别移入中间部分，最后从下而上移入红色"皿"，组成生字"蓝"。为进一步让学生了解"蓝"字的间架结构，再次演示，并要求学生指出"蓝"字的哪一部分是蓝色。对于汉字结构的掌握，一种比较有效的方法便是利用熟字学习生字，或进行比较。再以"蓝"字为例，进一步巩固该字，教师可用"篮"字与之比较。课件展示时，两字偏旁分别用红色显示，并要求动态"监"字用蓝色显示，用于学生区分比较"蓝"和"篮"。这种多媒体教学的使用有利于优化学生的认知结构，增强知识的系统化。

在利用 PPT 课件进行教学时，可利用实物图片进行字形匹配，特别是象形字的教学，如"火"字的教学，在课件上可展示一堆火燃烧的画面。这使得汉字的笔画结构与生动鲜明的表象联系起来，进一步巩固联想记忆。在利用图片教学时，可使汉字抽象的定义形象化、具体化，从而提高记忆的质量和效率，如本课生字"弯"和"闪"均比较抽象，为了化抽象为具体，可通过弯弯的月亮和闪闪的星星的图片让学生更好地理解"弯"和"闪"的字义。

二、多媒体技术对识字教学的辅助功能

（一）弥补教师示范技能的不足

教师的示范技能对识字教学有重要的影响。教师示范技能水平的高低将直接影响识字效果的质量，将直接对学生的识字活动产生重大影响。就目前而言，我国小学语文教师基本师范技能水平普遍不是很高，尤其是普通话和"三笔字"。而普通话和粉笔字对识字教学至关重要。由于多媒体的运用中采用声音导入机制，因此可以利用计算机声音来代替教师的读音，这对于农村地区特别是地方口音浓重地区更有意义。在利用粉笔进行板书时，教师的字体端正与否，笔画笔顺正确与否，将直接影响学生写字。因为学生有较强的模仿能力，在自己没有主见时，一般视教师为权威，特别是少数低年级学生，所以用计算机代替示范技能水平略差的教师将有助于提高整个识字教学的质量。

（二）促进课堂效果的优化

虽然整个多媒体教学设计要花费不少的时间，但对于 45 分钟的课堂教学

而言，多媒体教学具有容量大、使用方便的特点，从而提高课堂的效率。首先，利用多媒体技术可代替部分教师手写手画的内容，如本课"船"的教学时，教师可利用先选好的实物图片进行直观教学；若教师用传统的手画法进行教学，所要花费的时间肯定比计算机操作所花时间多许多倍。其次，多媒体技术的使用提高了学生记忆的效率，加快学生学习生字的速度，因而可以节省更多的时间来学习更多的知识。再次，由于多媒体网络的建设，教师可以通过搜索等形式找到急需的教学材料，从而提高整堂课的效率。总之，利用多媒体技术使课堂教学的内容更为丰富、效率更高，促进学生的有效学习。

（三）增强学生学习的主动性

在传统的教学活动中，教材是师生之间唯一的媒介。随着多媒体技术的引入，多媒体也成为师生之间的媒介之一。然而在这种师生关系中，教师的部分职能亦可以由多媒体来代替，即学生通过与计算机的对话来完成学习，如课件中的练习部分，学生可通过人机对话来检测自己的学习状况，并且发现问题再自己解决。在识字教学中，教师的作用亦可由计算机来代替，只要学生自己会控制计算机，便可自己进行汉字的学习、自己检测学习效果。计算机这种交互性促进学生学习的主动性，从而可以解决由识字量少、识字时间晚而对阅读造成的影响。

综上所述，多媒体技术在小学语文识字教学中的使用，将有利于克服识字教学的重点与难点，为提高学生识字的效率、促进学生识字量的增多、更好地解决低年级学生阅读兴趣和能力的培养提供帮助，为解决我国目前识字教学"高耗低效"现象提供改革经验。随着现代教育技术的发展，多媒体将更合适地用于我国的教学实践。

如何指导一年级学生写好汉字案例分析

邵　菲

在小学语文教学中，识字、写字是语文教学的基础，尤其一、二年级，识字、写字量大，更是语文学习的重点。其中《小学语文教学大纲》中也指出"写字是一项重要的语文基本功，是巩固识字的手段，对于提高学生文化素质起着重要的作用，必须从小打好写字基础"。所以，把字写得正确、规范、端正、整洁，并有一定的速度，是每个小学生必须具备的基本素质，从一年级开始就要严格要求和训练。

一、问题分析

（一）写字姿势不对

写字姿势包括坐姿和握笔姿势。学生写字时如果姿势不正确，写出来的字就会比较无力或者字体歪斜，甚至会造成学生近视眼或脊柱弯曲。

（二）书写不正确

部分学生经常写错字。其中，有的学生是因为把笔画写错，如"手"字的第四笔弯钩写成竖钩；"虫"字的第五笔提写成横；"头"字的第五笔点写成捺；"四"字的第四笔竖弯写成竖弯钩。有些学生是因为丢笔画，如"书"字的第四笔点忘写。还有些学生是因为把握不好笔画的位置，如"八"字的撇和捺的位置把握不准，容易写成"人"或"入"。

（三）书写不规范、不美观

部分学生的字虽然能写正确，但是笔画不规范、不匀称，或者字体结构把握不准、字体歪歪扭扭，不是太大就是太小。

二、形成原因

（一）写字姿势不对

部分学生由于上学前拿过笔，但是又没有纠正过写字姿势，导致习惯了错误的握笔姿势。例如，有些学生会用拇指按住食指写字，这样写出来的字就会偏小，而拇指弯曲的关节又挡住了视线，就会导致学生歪着头或者斜着本写字。还有些学生是因为手部小肌肉群动作发育不协调，手指灵活性差、控制能力差，导致握笔吃力，写字笔画不流畅，字体歪斜。

（二）不会观察范字

一年级的孩子由于年龄小，对汉字在田字格中的结构和位置很难观察仔细，这样就会导致多笔、少笔或者错笔。还有的学生写字倒插笔，这样也会导致写出来的字不好看，还会影响速度。

（三）书写后不注重评价

大部分孩子写完字后就觉得完成作业，不会去检查、评价，觉得浪费时间。其实，这样不仅学习效率低，时间长了还会变得粗心，错别字越来越多。

三、解决方法

（一）正确姿势是前提

正确的坐姿和写字姿势十分重要，所以我在指导学生书写时，首先会提醒学生的坐姿，随时强调"三个一"，即"眼离书本一尺，胸离桌子一拳，手离笔尖一寸"。然后，要提醒学生握笔姿势，教授小口诀："一指二指捏着，三指四指托着，小指往里藏着，笔尖向前斜着，笔杆向后躺着。"要求学生每次在书写前，都要先检查自己的写字姿势是否正确，并且我也会在巡视的过程中随时提醒和检查。

（二）观察汉字是关键

想把字写好，就要先学会观察字形，而观察字形有三个关键，可以总结为"三看法"。刚开始在学写汉字时，我是带着学生进行观察，慢慢地让他们学会自己通过"三看法"观察汉字。

251

（1）一看结构抓特点。低年级阶段要求会写的字都是从易到难，刚开始大部分的字都是简单的独体字，为的是练好基本笔画，如"横要平，竖要直，提、撇要尖，捺有脚"。在写独体字的时候，要求把字写在田字格的中间。

之后慢慢就接触到不同结构的字，这时候就可以利用口诀来抓特点，如上下结构"比大小，上下靠近，重心对齐"，左右结构"左右等宽向中靠，左右不等窄让宽，主动避让有礼貌，巧妙穿插多友好"。

通过抓汉字的结构特点，不仅可以帮助学生写好汉字，还可以增加学习汉字的趣味性。

（2）二看笔顺找规律。在一年级上册学写汉字阶段，注重笔顺跟随，正确的笔顺可以帮助学生识记汉字，因此第二步我让学生进行笔顺书写练习，进而掌握笔顺的书写规律，即"先横后竖；先撇后捺；从上到下；从左到右；先外后里；先中间后两边"。这样，不仅可以帮助学生把字写得美观，还可以提高书写速度。

（3）三看笔画找位置。一年级上册的书写中还注重生字的临摹和描红，描红是写字的入门，可以培养学生对汉字的观察能力，尤其是落在横中线、竖中线上的笔画和关键笔画起笔、收笔的位置，这些笔画确定好了，整个字在田字格中的位置也就基本确定了。于是，我引导学生进行观察，对学生没有看到的地方我还会进行补充，重点笔画还会边范写边再次强调，并用红笔描画出来。通过长时间的"三看法"，现在学生已经能够自己学写笔画少的、简单的独体字了。

（三）评价修改是保证

写好后的评价修改，即学生自评和同学互评也非常重要。我告诉学生写生字不是一次就写完的，而是每写完一个就要对照书本上的范字进行评价和修改，看看自己写的字是否正确、规范，如果有不规范的笔画，那么要在写下一个字时进行改正，要做到一个字比一个字写得好，这样写出来的字才能更加美观，才能最终达到写好汉字的目的。

（四）评比奖励是动力

写好汉字是一个日积月累的过程，并不能一蹴而就。为了鼓励学生坚持练字，我还给学生制定了奖励措施，作业每得一次优就可以换一个小贴画，连续三次得优，就可以把作业贴在班级展示墙上，以此激发学生写字的兴趣，最终养成良好的写字习惯。

四、总结

写字是一个修身养性的过程，通过一个人的字可以看出他的性格。一个人如果能写一手好字，未来对他的学习和工作都会有帮助，所以在一年级语文教学中，教师只有严格要求学生正确的写字姿势，帮助学生学会自己观察汉字，并认真评价修改，同时及时奖励，才能让学生打好写字的基础，最终写出一手漂亮的汉字。

城市小学高段整本书阅读情况
分析与方法研究

尹晨妍

一、小学整本书阅读背景

《语文课程标准》对小学语文课外阅读作了具体明确的规定，其中小学高年段要求学生"阅读叙事性作品，了解事件梗概，简单描述自己印象最深的场景、人物、细节，说出自己的喜欢、憎恶、崇敬、向往、同情等感受。阅读诗歌，大体把握诗意，想象诗歌描述的情境，体会诗人的情感。受到优秀作品的感染和激励，向往和追求美好的理想。课外阅读不少于100万字"。小学高段学生通过数年的学习，已经有了一定的感知能力、鉴赏能力及阅读技巧。在这个阶段，学生的眼界更为开阔，更多的学生愿意阅读诗歌、小说、散文等文本。

二、小学高段学生整本书阅读情况分析

（一）阅读读本选择不佳

在设立班级图书角时我便发现，书架上的名著或散文集往往无人问津，但漫画类、幻想类书籍却十分受男孩欢迎。❶这一情况诸多作者已在之前详细论述，在此不加以重复。

女生的书本选择相对多样、成熟，但也存在其他问题。很多女生表示自

---

❶ 万国琴. 小学语文课外阅读指导策略研究[D]. 上海：华东师范大学，2006.

己会读一些青春校园文学，甚至会自己进行创作。尽管青春校园文学笔法细腻，也不乏佳作，但其中曚眬的感情内容却并不适合小学生阅读。近年来，大量劣质量产的青春文学充斥市场，以华丽的包装和吸引眼球的标题来激发读者的购买欲望，但其中的内容则庸俗、不切实际，充斥过分的早恋内容，这对于本就处于懵懂期的高段女生的情感引导是十分不好的。

（二）快餐一样的儿童文学

快餐有两个特点：一是吃的时候大快朵颐，吃完后却毫无回味可言；二是快餐店的内容大同小异，永远是那几道菜色。这也正对应了现在小学儿童读物的特点。现今很多儿童读物以系列的形式出现，制作精良，情节独特，价格高昂，但其中的内容却字大行稀，学生一个小时便可以读完一本书。很多冒险类书籍的内容雷同，只是将打斗冒险环节描画细致，抓住了学生寻求刺激的心理。在读过这类书籍后，学生的文学素养得不到提高，知识面也难以拓展，但是这些书中刺激的环节得到了高段学生的追捧与偏爱。

（三）选择片断的阅读

现在市面上有很多名著导读类图书将名著的内容进行概括总结，以极短的文章介绍名著。当教师布置阅读作业时，与那些大部头比起来学生恐怕会更热衷于这些短小的简介。但是，文字概括虽然能够帮助学生了解故事梗概，却无法令人深刻地体会书本中人物的特点、作者的刻画。

还有的学生在读书时选择自己喜欢的片断阅读，对书本的认识是零散的，也可能会遗漏书中的经典部分。这也是现阶段整本书阅读的"大敌"。

（四）阅读量与质的把握

很多家长在与教师交流时，总强调自己的学生读书很多，速度很快，一会儿就能看完一本书，但语文的能力就是无法提高。很显然，这些家长只关注了学生读书量的积累，却从未考虑过在这些快速的阅读中到底有多少是有效的。阅读的关键在于思考，唯有边读边体会作者的用心、故事的情节、人物的特点，才能够真正有所收获。在阅读中也要运用学过的阅读技巧，如在关键段落处做批注、书写阅读日记等。

（五）家长与教师的过分干预或漠视

教师要尽量让学生进行自主阅读，然后通过适当合理的指导来调动学生参与阅读学习的兴趣与欲望。❶尽管学者们不断强调在合理的情况下教师与家长要给予学生一定的选择空间，但是在孩子的阅读上家长与教师依旧给了学生不小的压力。通过访谈得知，笔者班中许多家长迫不及待地将各种名著买给学生，甚至有的家长给低段学生准备了《老人与海》《简爱》等书籍。还有的教师以课内学习为主，完全以教材推荐书目为主，为了考试还要给推荐书目出考题，使得学生的整本书阅读为"考"而读。学生对于家长和教师的施压难免产生逆反心理，更加不爱阅读。同时，这也会对学生养成终身阅读的习惯形成阻力。还有的家长不在乎亲子阅读，就连学生主动和他们沟通书本内容时都会因时间不足而拒绝，打击了学生读书的积极性。

三、高年段阅读指导的方法

（一）教师、同学间推荐图书

高年段学生的思维已经趋于成熟，愿意与教师在阅读方面进行一些深刻的交流，如最近自己所读的图书、对图书的感受等。教师可以借鉴校内校外的各种图书推荐目录，陪同学生筛选图书，避免学生阅读一些没有意义的书。在学习一些语文篇目时，教师还可以根据课内文章推荐一些相关书籍。

高年段学生也十分追求学生的认同感，可以让学生将自己读过的书推荐给大家，激发更多学生的兴趣，同时介绍者也会提升个人自信心。

（二）设计有趣的阅读游戏

单纯的阅读会令学生感到枯燥，教师可以组织一些有趣的阅读游戏来激发学生的阅读信心，帮助学生更认真地阅读书本。例如，在假期中可以让学生为自己喜欢的人物设计海报，表演书中经典段落。读书节时抓住契机进行活动，制作读书格言书签，进行好书漂流，还可以将书本内容设计成桌面游戏或大富翁游戏。班内可以定期组织读书问答竞赛、读书竞争榜，通过抢答问答等挑战方式回顾已读书本。

（三）书写读书日记

在每读过一本书后，都鼓励学生写一份读书日记。在班中的窗台上给每

---

❶ 吴玉琴. 小学高年级整本书阅读指导策略[N]. 学周刊，2020（3）.

个人准备一个读书袋，大家的读书日记就存放在里面，以促进学生间读书的竞争意识。读书日记不必书写太多，但一定要写出自己的真实感受。一本书也不是就写一次日记，当学生再一次读这本书时，可以将自己新的感受补充到日记中。

四、总结

指导高年段学生读书并不容易，因为此时的他们已经有了自己的想法，但同时却又缺乏一些基本的判断能力。因此，学校与教师要注重培养学生的"选择"意识，提高学生对文字美的追求，选择最合适的书读。指导规划要紧扣《语文课程标准》与课程改革要求，有力而长久地进行下去。身为班主任也应当开动脑筋，争取丰富班级读书活动内容，让学生爱读书、读好书。